David Steindl-Rast

Die Achtsamkeit des Herzens

HERDER spektrum

Band 5604

Das Buch

Jeder ist ein Mystiker, sagt David Steindl-Rast. Nach seiner Erfahrung hat Spiritualität ihren Ort mitten im Leben, mitten im Alltag. Jeder Ort ist heiliger Boden. Jeder Ort kann Stätte der Begegnung mit göttlicher Gegenwart werden. Die Suche nach dem Sinn ist nichts Abgehobenes, sie führt über alle Sinne. Es bedarf freilich der Achtsamkeit, d. h. der Öffnung des Herzens. Und das heißt nichts anderes als der Aufmerksamkeit des ganzen Menschen. Schlüsselworte für den Zugang zum geistlichen Leben sind Horchen, Staunen und Dankbarkeit. Es ist ein Hören mit dem ganzen Herzen und ein Weg der Kontemplation, der in einer großen Tradition steht. „So zu horchen heißt, mit dem Herzen horchen, mit dem ganzen Wesen. Herz bedeutet das Zentrum unseres Wesens, in dem wir wahrhaftig eins sind. Eins mit uns selbst, nicht aufgespalten in Verstand, Wille, Gefühle, Körper und Geist, eins mit allen anderen Geschöpfen. Denn das Herz ist der Bereich, in dem wir nicht nur mit unserem innersten Selbst in Berührung sind, sondern gleichzeitig mit dem ganzen Dasein innigst vereint sind."

Der kontemplative Weg, der Rückzug in die Stille ist nach diesem Verständnis aufmerksame und aktive Präsenz inmitten der Welt. Tiefe Inspirationen zu zentralen Themen des Lebens: Einsamkeit, Stille, Sammlung, Dankbarkeit und Freude. „Das Buch dieses christlichen Mönchs und Weisheitslehrers war für mich wegweisend. Klar in der Aussage, einfach in der Sprache und konkret in den Hinweisen. Ein Praxisbuch, das Tore zur Mystik öffnet. Ein Klassiker unter den spirituellen Büchern der Gegenwart." (Lorenz Marti)

Der Autor

Br. David Steind-Rast O.S.B., geb. 1926 in Wien, wo er Kunst, Anthropologie und Psychologie studierte. Er lebt seit 1953 in den USA. Zen-Studium u. a. bei Yasutani Hakuun Roshi, Suzuki Shunryu Roshi. Führend im interreligiösen Dialog und in der neuen amerikanischen Klosterbewegung. Mitbegründer verschiedener spiritueller Zentren in USA und Europa. Lebt in einer Einsiedelei im Staat New York. Bei Herder: Fülle und Nichts; Musik der Stille.

David Steindl-Rast

Die Achtsamkeit des Herzens

Aus dem Englischen von Vanja Palmers
Mit einem Vorwort von Anselm Grün

HERDER

FREIBURG · BASEL · WIEN

Titel der Originalausgabe: A Listening Heart
Lizenzausgabe mit freundlicher Genehmigung des Goldmann-Verlags,
ein Unternehmen der Verlagsgruppe Random House GmbH

5. Auflage

www.herder.de

Umschlagkonzeption und -gestaltung:
R·M·E München / Roland Eschlbeck, Liana Tuchel
Umschlagmotiv: Br. David Steindl-Rast
Autorenfoto: Rosemarie Primault

Satz: Barbara Herrmann, Freiburg
Herstellung: fgb · freiburger graphische betriebe
www.fgb.de
Gedruckt auf umweltfreundlichem, chlorfrei gebleichtem Papier
Printed in Germany

ISBN 978 3 451-05604-8

Inhalt

Vorwort 7

Mit dem Herzen horchen 13

Die Umwelt als Guru 21

Durch die Sinne Sinn finden 32
Der Dreischritt des horchenden Herzens 32
Die Dankbarkeit der fünf Sinne 53
Sinnlichkeit und christliche Askese 80

Spiegel des Herzens 100

Eine tiefe Verbeugung 135

Leben aus der Stille 152

Ein Wunsch 160

Vorwort

David Steindl-Rast ist Benediktiner-Mönch. Aber als Mönch lebt er in einer Einsiedelei. Er verwirklicht ein altes Mönchsideal. Denn die frühen Mönche zogen sich in die Wüste zurück, um in der Einsamkeit Gott zu suchen. Br. David ist der Mönchstradition verpflichtet und doch zugleich offen für die Strömungen unserer heutigen Zeit. Bevor er in den USA Benediktiner wurde, hat er in Wien Kunst, Anthropologie und Psychologie studiert. Er kennt also die Seele des heutigen Menschen. So verbindet er Spiritualität, Psychologie und die Wahrnehmung geistiger Strömungen der Zeit. Seine Spiritualität ist nicht abgehoben. Sie ist wie der benediktinische Geist geerdet. Spiritualität braucht die Erde, um nicht abzuheben, sie braucht konkrete Formen, um sich zu entfalten. Ohne klare Rituale entsteht oft nur Wildwuchs. Man verwechselt dann seine Emotionen mit spirituellen Erfahrungen. Und man wundert sich, dass man ständig hin und her schwankt zwischen euphorischen religiösen Erlebnissen und einer lähmenden Gottesferne, die oft depressive Gefühle auslöst. Die Spiritualität, die Br. David beschreibt und selbst vorlebt, hebt nicht ab. Sie ist konkret. Sie gestaltet diese Welt. Sie wird sichtbar in einer konkreten Form.

David Steindl-Rast lebt den benediktinischen Grundsatz des „ora et labora“, von Kampf und Kontemplation, von Mystik und Politik. Er mischt sich ein in die politischen Auseinandersetzungen unserer Gegenwart. Damit steht er in der Tradition des kontemplativen Trappistenmönches Thomas Merton, der nicht geschwiegen hat, als die amerikanische Politik Irrwege ging. Das Wesen der Kontemplation besteht ja nicht darin, sich aus der Welt zurückzuziehen und sich um die Belange dieser Welt nicht mehr zu kümmern. Vielmehr verstanden die Mönche ihren Rückzug aus der Welt in die Stille des Gebetes als einen Weg in das Zentrum der Welt. Sie wollten die Oberflächlichkeit der Welt meiden, um auf tiefere Weise eins zu werden mit allen Menschen. So hat es schon Evagrius Ponticus, der Mönch der ägyptischen Wüste, der wie Br. David die seelische Situation seiner Zeitgenossen kannte, in seiner Schrift „Über das Gebet“ ausgedrückt: „Ein Mönch ist ein Mensch, der sich von allem getrennt hat und sich doch mit allem verbunden fühlt. Ein Mönch weiß sich eins mit allen Menschen, denn immerzu findet er sich in jedem Menschen“ (124 f). Die Mönche gingen bewusst in die Wüste, in den Herrschaftsbereich der Dämonen, um dort ihre Macht zu brechen. Sie vertrauten darauf, dass die ganze Welt heller und heiler würde, wenn sie dort, wo sich die Macht der Finsternis am meisten austobte, das Heil Jesu Christi erfahrbar machten.

Als Antonius sich am Ende des dritten Jahrhunderts als Mönch in die Wüste zurückzog, da folgte er einem Wort Jesu: „Wenn du vollkommen sein willst, geh, verkauf deinen

Besitz und gib das Geld den Armen; so wirst du einen bleibenden Schatz im Himmel haben; dann komm und folge mir nach.“ (Mt 19,21) Aber wenn wir heute unvoreingenommen in der Bibel lesen, kommen wir nicht unbedingt auf die Idee, Mönch zu werden. Das Mönchtum ist keine Erfindung des Neuen Testaments. Vielmehr ist es ein Phänomen, das wir in allen Religionen beobachten können. So haben die frühen Mönche die Traditionen ägyptischer Priester genauso übernommen wie die kontemplativen Erfahrungen der Kreise um den griechischen Philosophen Pythagoras. Die Mönche haben daher von ihrem Ursprung her immer schon Beziehung zu den geistlichen Traditionen anderer Religionen. Wenn buddhistische Mönche ihre Erfahrungen mit christlichen Einsiedlern teilen, dann erleben sie oft eine große Ähnlichkeit und Seelenverwandtschaft. Die christlichen Mönche haben die urmenschliche Sehnsucht nach einem Mönchsideal allerdings immer schon christlich gedeutet und mit Worten Jesu begründet.

David Steindl-Rast steht in dieser Tradition der frühen Mönche. Er ist offen für die spirituellen Traditionen anderer Religionen und pflegt den Austausch mit Menschen, die auf anderen religiösen Wegen nach kontemplativer Erfahrung streben. Der Gott, den wir in den Religionen suchen, übersteigt die Begriffe, die wir uns von ihm gemacht haben. Je näher wir ihm kommen, desto eher verstehen wir uns auch gegenseitig. Wenn wir ein solches Verstehen erlangt haben, brauchen wir uns nicht mehr gegenseitig zu belehren. Wir bleiben vielmehr staunend stehen vor dem Geheimnis des unbegreiflichen Gottes, der uns in Jesus Christus nahe gekommen ist, der in Jesus ein menschliches Antlitz für uns bekommen hat, der aber dennoch der unbeschreibliche und alle unsere Vorstellungen übersteigende Gott bleibt.

Die Themen, die David Steindl-Rast am Herzen liegen, teilt er mit anderen geistlichen Autoren aus anderen Religionen: die Achtsamkeit des Herzens und die Kultur der Stille. Geistliches Leben ist vor allem Achtsamkeit: Achten auf den jeweiligen Augenblick, Achten auf die inneren Impulse meiner Seele, Achten auf die Sinne, die uns in das Geheimnis der Welt und in das Geheimnis Gottes führen. Ohne Sinne finden wir keinen Sinn. Auch unsere Gotteserfahrung braucht die Sinne. Ohne Sinne gibt es keine Erkenntnis und Erfahrung. Schauen und Hören, Schmecken und Riechen sind wesentliche Orte unserer Gotteserfahrung. Und schon Lukas lässt den Apostel Paulus in seiner berühmten Areopagrede vor den griechischen Philosophen davon sprechen, dass wir Gott nicht nur mit unserem Verstand finden können, sondern dass wir ihn ertasten dürfen. (Apg 17,27)

Das Herz ist für David Steindl-Rast der eigentliche Ort unserer Gottesbegegnung und zugleich der Ort, an dem wir uns für die Menschen öffnen. Christliche Spiritualität ist eine Spiritualität des Herzens. Schon Abbas Pambo hat das im 4. Jahrhundert erkannt, wenn er sagt: „Wenn du ein Herz hast, kannst du gerettet werden." Entscheidend ist, dass wir mit unserem Herzen in Berührung kommen. Wir können Gott nicht spüren, wenn wir nicht unser Herz spüren. Und ob unsere Gotteserfahrung echt ist oder nur Einbildung, das können wir an unserem Herzen ablesen. Nur das Herz, das sich dem Bruder und der Schwester öffnet, ist von Gott erfüllt. Wer meint, wir müssten unser Herz verschließen, damit wir Gott nicht verlieren, der geht einen Irrweg. Wer so denkt, verwechselt Spiritualität mit religiösem Narzissmus. Er kreist in seiner Frömmigkeit nur um sich selbst. Doch eine solche Frömmigkeit wird unfruchtbar. David Steindl-Rast hat sein Herz weit geöffnet für die Nöte und Fragen der Menschen. Und sein Herz ist der Ort, an dem er Gottes Nähe in besonderer Weise spürt. Im Herzen horcht er auf den unhörbaren Gott. Und im Herzen spürt er den unbegreiflichen Gott, der sich dem Zugriff unseres Verstandes entzieht.

So wünsche ich dem Leser und der Leserin, dass sie sich von Br. David in die Weite des Herzens führen lassen, die für den hl. Benedikt das Kennzeichen wahrer Spiritualität ist. Denn Benedikt ist davon überzeugt, dass der Weg zu Gott zwar am Anfang durch manche Enge führt, dass aber das Ziel das geweitete Herz ist. Unser Weg geht durch manche Engpässe hindurch, etwa durch den Engpass unserer Ohnmacht, unserer Einsamkeit, unserer Dunkelheit. Nur wer sich durch den Engpass hindurch wagt, gelangt in die unbeschreibliche Weite Gottes, „dem wird das Herz weit, und er läuft in unsagbarem Glück der Liebe den Weg der Gebote Gottes.“ (RB, Prolog 49) Möge das Herz der Leser sich weiten, wenn sie die Worte von David Steindl-Rast aufnehmen. Gott vermag nur in einem weiten Herzen zu wohnen. So möge dieses Buch das Herz dafür bereiten, zur Wohnung Gottes zu werden. Nur ein Herz, in dem Gott wohnt, vermag den Menschen zu dem zu machen, als der er von Gott her gedacht ist: zu einem offenen und freien, zu einem herzlichen und liebenden Menschen.

Münsterschwarzach, am Fest des hl. Ansgar,
des großen Benediktinermissionars

P. Anselm Grün

Mit dem Herzen horchen

Das Schlüsselwort für meinen Zugang zum geistlichen Leben heißt *Horchen.* Damit ist eine besondere Art des Horchens gemeint, ein Hinhorchen des Herzens. So zu horchen, ist das Rückgrat der mönchischen Tradition, in der ich stehe.

Das allererste Wort der Regel des Heiligen Benedikt lautet: „Horch!" – „Ausculta!" –, und aus dieser ersten Geste des Horchens aus ganzem Herzen erwächst die gesamte Disziplin der Benediktiner, wie eine Sonnenblume aus ihrem Samen wächst. Die Spiritualität der Benediktiner geht ihrerseits auf die umfassendere und ältere Disziplin der Bibel zurück.

Aber bereits hier ist der Begriff des Horchens von grundlegender Bedeutung. Aus biblischer Sicht kommen alle Dinge durch Gottes schöpferisches Wort in die Welt; die gesamte Geschichte ist ein Dialog mit Gott, der zum Herzen des Menschen spricht. Die Bibel verkündet mit großer Klarheit, dass Gott eins ist und transzendent. Bewundernswert ist die Einsicht des religiösen Geistes, der in der biblischen Literatur seinen Ausdruck gefunden hat, dass Gott zu uns *spricht.* Der transzendente Gott spricht in Natur und Geschichte. Das menschliche Herz ist dazu aufgerufen, zu horchen und zu antworten.

Horchen und Antworten – das ist die Form, welche die Bibel unserem grundlegenden religiösen Streben als menschliche Wesen vorzeichnet: dem Streben nach einem erfüllten Leben, nach Glück, dem Streben nach Sinn. Unser Glücklichsein gründet sich nicht auf Glücksgefühle, sondern auf inneren Frieden, den Frieden des Herzens. Selbst inmitten einer so genannten Pechsträhne, inmitten von Leid und Schmerz können wir unseren inneren Frieden finden, wenn wir aus all dem Sinn heraushören. Die biblische Überlieferung zeigt uns den Weg, indem sie verkündet, dass Gott selbst in die schlimmsten Notlage und *durch sie* zu uns spricht. Indem ich mich der Botschaft des Augenblicks ganz öffne, kann ich zur Quelle der Sinnhaftigkeit vorstoßen und den Sinn des Lebens erkennen.

So zu horchen heißt, mit dem Herzen horchen, mit dem ganzen Wesen. Herz bedeutet das Zentrum unseres Wesens, in dem wir wahrhaftig *eins* sind. Eins mit uns selbst, nicht aufgespalten in Verstand, Wille, Gefühle, Körper und Geist, eins mit allen anderen Geschöpfen. Denn das Herz ist der Bereich, in dem wir nicht nur mit unserem innersten Selbst in Berührung sind, sondern gleichzeitig mit dem ganzen Dasein innigst vereint sind.

Hier sind wir auch vereint mit Gott, der Quelle des Lebens, welche im Herzen entspringt. Um mit dem Herzen zu horchen, müssen wir immer wieder zu unserem Herzen zurückkehren, indem wir uns die Dinge *zu Herzen nehmen.* Wenn wir mit dem Herzen horchen, werden wir Sinn finden, denn so wie das Auge Licht wahrnimmt und das Ohr Geräusche, ist das Herz das Organ für Sinn.

Die Disziplin des täglichen Horchens und Antwortens auf den Sinn wird *Gehorsam* genannt. Dieser Begriff von Gehorsam ist viel umfassender als die beschränkte Vorstellung von Gehorsam als Tun-was-einem-gesagt-wird. Gehorsam, im umfassendsten Sinn, heißt, sein Herz auf den einfachen Ruf einstimmen, der in der Vielfalt und Vielschichtigkeit einer gegebenen Situation enthalten ist. Die einzige Alternative dazu ist *Absurdität.* Ab-surdus bedeutet wörtlich „absolut taub". Wenn ich eine Situation absurd nenne, gebe ich zu, dass ich taub für ihren Sinn bin. Ich gestehe indirekt ein, dass ich ob-audiens werden muss – aufmerksam horchend, gehorsam. Ich muss mein Ohr, mich selbst, so völlig dem Wort, das mich erreicht, hingeben, dass es mir zum Auftrag wird. Vom Wort gesandt, werde ich meiner Sendung gehorchen und so, durch liebevolles und wahrhaftiges Handeln, nicht durch eine Analyse der Wahrheit, fange ich an zu verstehen.

Was aus all dem für mein Handeln folgt, liegt auf der Hand. Um so wichtiger ist es, im Auge zu behalten, dass es uns hier nicht vornehmlich um ethische, sondern um religiöse Erwägungen geht, nicht um Zweckbestimmung – selbst dann nicht, wenn es sich um die edelsten Zwecke handelt –, sondern um jene religiöse Dimension, aus der jeder Zweck seinen Sinn ableiten muss.

Die Bibel nennt das Horchen und Antworten des Gehorsams „vom Wort Gottes leben", und das bedeutet viel mehr, als nur Gottes Willen tun. Es bedeutet, sich vom Wort Gottes zu nähren wie von Speise und Trank – vom

Wort Gottes in jedem Menschen, jedem Ding, jedem Ereignis, dem wir begegnen.

Das ist eine tägliche Aufgabe, ein Training, welches uns von Augenblick zu Augenblick herausfordert: Ich esse eine Mandarine, und schon beim Abschälen spricht der leichte Widerstand der Schale zu mir, wenn ich wach genug zum Horchen bin. Ihre Beschaffenheit, ihr Duft, sprechen eine unübersetzbare Sprache, die ich erlernen muss. Jenseits des Bewusstseins, dass jede kleine Spalte ihre eigene, besondere Süße hat (auf der Seite, die von der Sonne beschienen wurde, sind sie am süßesten), liegt das Bewusstsein, dass all dies reines Geschenk ist. Oder könnte man eine solche Nahrung jemals verdienen?

Ich halte die Hand eines Freundes in der meinen, und diese Geste wird zu einem Wort, dessen Bedeutung weit über Worte hinausgeht. Es stellt Ansprüche an mich. Es beinhaltet ein Versprechen. Es fordert Treue und Opferbereitschaft. Vor allem aber ist diese bedeutungsvolle Gebärde Feier von Freundschaft, die keiner Rechtfertigung durch einen praktischen Zweck bedarf. Sie ist so *überflüssig* wie ein Sonett oder ein Streichquartett, so überflüssig wie all die wirklich wichtigen Dinge im Leben. Sie ist ein *überfließendes* Wort Gottes, von dem ich Leben trinke.

Aber auch ein Unglück, das mich trifft, ist Wort Gottes. Ein junger Mann, der für mich arbeitet und mir so lieb und teuer ist wie mein eigener Bruder, hat einen Unfall, bei dem Glassplitter in seine Augen dringen. Im Krankenhaus liegt er mit verbundenen Augen. Was sagt Gott dadurch?

Zusammen tasten wir uns vor, kämpfen, lauschen, bemühen uns, zu hören. Ist auch dies ein lebenspendendes Wort? Wenn wir in einer gegebenen Situation keinen Sinn mehr sehen können, haben wir den entscheidenden Punkt erreicht. Jetzt wird unser gläubiges Vertrauen gefordert.

Einsicht kommt, wenn wir es ernst nehmen, dass uns jeder Augenblick vor eine gegebene Wirklichkeit stellt. Ist sie aber gegeben, so ist sie auch Gabe. Als Gabe aber verlangt sie Dankbarkeit. Echte Dankbarkeit schaut jedoch nicht vornehmlich auf das Geschenk, um es gebührend zu würdigen, sondern sie schaut auf den Geber und bringt Vertrauen zum Ausdruck. Beherztes Vertrauen auf den Geber aller Gaben ist Glaube. Danken zu lernen, selbst wenn uns die Güte des Gebens nicht offenbar ist, heißt, den Weg zum Herzensfrieden finden. Denn nicht Glücklichsein macht uns dankbar, sondern Dankbarsein macht uns glücklich.

Übung im Horchen mit dem Herzen lehrt uns in einem lebenslangen Prozess, unterschiedslos nach *jedem* Wort zu leben, das aus dem Munde Gottes kommt. Wir lernen es, indem wir in *allen* Dingen unsere Dankbarkeit bezeugen. Die klösterliche Umgebung soll genau dies erleichtern. Die Methode ist *Losgelöstheit*.

Wenn wir nicht unterscheiden zwischen dem, was wir wollen, und dem, was wir wirklich brauchen, so verlieren wir unser Ziel aus den Augen. Dann werden unsere Bedürfnisse (viele von ihnen nur eingebildet) immer mehr und unsere

Dankbarkeit schwindet, damit aber auch unsere wahre Freude. Mönchisches Training kehrt diesen Prozess um. Der Mönche strebt danach, immer weniger zu wollen und so immer dankbarer zu werden für das, was er hat.

Losgelöstheit macht uns bedürfnisloser. Je weniger wir haben, um so leichter ist es das, was wir haben, zu würdigen.

Stille schafft eine Atmosphäre, die Losgelöstheit begünstigt. Wie der Lärm das Leben außerhalb des Klosters durchdringt, so ist das Leben des Mönches von Stille durchdrungen. Stille schafft Raum um Dinge, Menschen und Ereignisse ... Stille hebt ihre Einzigartigkeit hervor und erlaubt uns, sie eins nach dem andern dankbar zu betrachten. Unsere Übung, dafür Zeit zu finden, ist das Geheimnis der Muße. Muße ist Ausdruck von Losgelöstheit im Hinblick auf die Zeit. Die Muße der Mönche ist ja nicht das Privileg derer, die es sich leisten können, sich Zeit zu nehmen, sondern die Tugend derer, die allem, was sie tun, so viel Zeit widmen, wie ihm gebührt.

Für den Mönch drückt sich das Hinhorchen, das die Grundlage dieses Trainings bildet, darin aus, dass er sein Leben mit dem kosmischen Rhythmus der Jahres- und Tageszeiten in Einklang bringt; mit der „Zeit, die nicht unsere Zeit ist“, wie T. S. Eliot es ausdrückt. In meinem eigenen Leben verlangt der Gehorsam oft Dienste außerhalb des klösterlichen Rhythmus. Dann kommt es ganz besonders darauf an, die lautlose Glocke der „Zeit, die nicht unsere Zeit ist“ zu hören, wo immer es auch sei, und zu tun, was es zu tun gibt, wenn es dafür Zeit ist – „jetzt und in der

Stunde unseres Todes". „Und die Todesstunde ist jeder Augenblick", sagt T. S. Eliot, denn der Augenblick, in dem wir wirklich hinhorchen, ist „Augenblick in und außer der Zeit".

Eine Methode, mit deren Hilfe man Augenblick für Augenblick in dieses Mysterium eindringen kann, ist die Disziplin des Jesus-Gebetes, Training im Herzens-Gebet, wie es auch heißt. Diese besteht im Wesentlichen in der mantrischen Wiederholung des Namens Jesu im Rhythmus des eigenen Atems und Herzschlags. Wenn ich den Namen Jesu in einem gegebenen Augenblick vor mich hin spreche, so mache ich diesen Augenblick transparent für das Jetzt, das nicht vorübergeht. Was die Bibel „vom Worte Gottes leben" nennt, ist zusammengefasst im Namen Jesu, in dem ich als Christ das fleischgewordene Wort anbete. Wenn ich jedem Ding und jedem Menschen, den ich treffe, diesen Namen gebe, wenn ich ihn mir in jeder Lage vergegenwärtige, dann erinnere ich mich daran, dass all dies nur Erscheinungsformen der unerschöpflichen Fülle des einen ewigen Wortes Gottes, des Logos, sind. Ich erinnere mein Herz daran, hinzuhorchen, hellhörig zu werden. Dieses Bild könnte irre führen, als ob zwischen Gott, der spricht, und dem gehorsamen Herzen eine dualistische Spaltung bestehe. Die dualistische Spaltung, auf die wir hier stoßen, ist aber im Geheimnis der Dreieinigkeit aufgehoben, im Vollsinn dieses Wortes. Im Lichte dieses Mysteriums verstehe ich mich zugleich als Wort aus dem Herzen des Schöpfers und als vom Schöpfer im Herzen angesprochen. Aber die Verbundenheit geht noch tiefer. Um das an mich gerichtete Wort, das

Wort, das ich zugleich bin, zu verstehen, muss ich die Sprache des Einen, der mich anspricht und ausspricht, sprechen. Wenn ich Gott überhaupt verstehen kann, so ist dies nur möglich, weil Gott mir am Geist des göttlichen Selbstverständnisses Anteil schenkt. Das Hinhorchen und Antworten, das unser geistliches Leben ausmacht, ist also keine dualistische Angelegenheit, sondern vielmehr Feier dreieiniger Verbundenheit: das Wort, das aus der Stille entspringt, führt im Verstehen heim in die Stille. Mein Herz, wie ein Gefäß, das im Meer versinkt, ist voll von Gottes Leben und zugleich völlig darin eingetaucht. All das ist reines Geschenk. Meine Antwort ist Dankbarkeit.

Die Umwelt als Guru

Könnten Sie sich in einem Kloster zu Hause fühlen? Es sollte möglich sein. Die Erwägungen, die hier folgen, wollen Ihnen dabei helfen. Wir könnten mit einer Frage beginnen: Was ist der Zweck eines Klosters? Einige von Ihnen waren vielleicht noch nie in einem Kloster. Andere wieder haben ihr halbes Leben oder mehr dort verbracht. Wie dem auch sei, es kann nicht schaden, diese Frage einmal näher zu betrachten. Am einfachsten wäre es natürlich zu sagen: „Komm und sieh!“ Und wer mit innerer Stille käme, der könnte wohl ohne viele Worte eine Antwort finden. Das wäre wohl das Beste.

Wenn wir aber doch darüber sprechen müssen, dann würde ich vorschlagen, das Kloster zunächst einmal als bewusst gestaltete Umwelt zu verstehen. Bewusst gestalten hat Vor- und Nachteile. Jedenfalls haben wir hier eine künstliche Welt vor uns, zugeschnitten für die Ausübung eines ganz speziellen Berufes. Auch andere Berufe schaffen sich ja ihre eigene Umwelt. Die klösterliche Umwelt ist eigens angelegt, um die kontemplative Seite des Menschen zu fördern. Wer in einem Kloster lebt, hat Kontemplation zum Beruf. Er hat öffentlich gelobt, sich in erster Linie der Entwicklung jener kontemplativen Dimension zu widmen, die ja eigentlich jeder von uns besitzt. Wenn wir die Mönche die „Profis" des kontemplativen Lebens nennen, so bedeutet das nicht, dass sie es auch besser sein können als die Amateure. Wir wissen ja, dass ein Amateurklempner unseren tropfenden Wasserhahn oft besser und schneller reparieren wird als ein Profi. Ein Profi zu sein bedeutet noch nicht, bessere Arbeit zu leisten; es bedeutet aber sehr wohl die Verpflichtung, sich um ein professionelles Niveau zu bemühen. Wenn wir also Mönche als Profis kontemplativen Lebens verstehen, dann sagen wir damit nur aus, dass sie die Verantwortung auf sich genommen haben, die kontemplative Dimension auch aus Verpflichtung zu entwickeln, während Amateure sich ihr einfach aus Freude hingeben.

Was heißt aber nun „kontemplativ"? Folgen wir der benediktinischen Tradition und führen das Wort auf seine lateinische Wurzel zurück, so stoßen wir auf einen Aspekt von Kontemplation, der die bei anderen Traditionen im Vordergrund stehenden Aspekte ergänzen könnte. Pater Damasus Winzen, der Gründer des Klosters Mount Savoir, legte große Bedeutung darauf, dass in unserer Überlieferung das Verständnis von Kontemplation auf das lateinische Wort „Contemplari" zurückgeht. Hinter diesem Begriff steht das Bild (und – ursprünglich – die Wirklichkeit) der römischen Auguren, die einen bestimmten, fest umgrenzten Bereich des sichtbaren Himmels als „templum" bezeichneten. Ursprünglich war „templum" also kein Gebäude auf der Erde, sondern ein Bereich am Himmel, auf den die Auguren, professionell zur Schau bestellt, den Blick richteten. Sie sollten auf diese Weise Einsicht in die unumstößliche, höhere Ordnung gewinnen, nach deren Vorbild alles hier unten geordnet werden sollte. Die heilige Ordnung des irdischen Tempels ist ja Spiegelung der heiligen Ordnung des himmlischen. Pater Damasus pflegte zu betonen, dass Kontemplation in diesem gegenseitigen Bezug der beiden Tempel bestehe, was ja auch das „con" in „contemplari" zum Ausdruck bringt.

Ein entsprechendes Konzept finden wir auch in der Bibel: Moses baut unten das Heiligtum genau nach dem Vorbild, das Gott ihm auf dem Berg oben zeigt. Immer wieder betont die Bibel die getreue Übereinstimmung zwischen dem Tempel auf Erden und seinem himmlischen Vorbild. In diesem Sinne war Moses ein wahrer Kontemplativer. Und dies ist kein Zufall. Was Moses versuchte und was die Auguren versuchten, geht auf denselben Ur-Impuls zurück. Die kontemplative Gebärde ist tief verwurzelt im menschlichen Herzen und in seiner Sehnsucht nach allumfassender Harmonie. Zu allen Zeiten hat der Mensch sehnsüchtig aufgeschaut zur harmonischen Ordnung des Sternenhimmels und hat seinen Herzschlag auf dessen gemessene Bewegung eingestimmt. „Maß" scheint die Grundbedeutung der sprachlichen Wurzel zu sein, auf die nicht nur verwandte Wörter wie Temperatur, Tempo und Temperament zurückzuführen sind, sondern natürlich auch Tempel und Kontemplation. Sich gemessenen Schrittes nach einem höheren Rhythmus zu bewegen und somit sein Leben mit der kosmischen Ordnung in Einklang zu bringen – das ist „contemplatio", wie unsere Tradition sie versteht.

Um im Rhythmus zu bleiben, muss man hinhorchen. Um den Weg zu sehen, muss man hinschauen. Das Kloster ist deshalb ein Ort, an dem man lernt, Augen und Ohren offen zu halten. „Höre!“ ist das erste Wort der Klosterregel des Heiligen Benedikt; ein weiteres Schlüsselwort lautet: „Betrachte!“ (lateinisch: considera, von sidus = das Sternenbild/Gestirn, also wörtlich: seinen Kurs nach den Sternen bestimmen). Der Heilige Benedikt, Vater des abendländischen Mönchtums, will, dass die Mönche „apertis oculis“ und „attonitis auribus“ leben, d. h. mit so offenen Augen und so horchenden Ohren, dass die Stille göttlicher Gegenwart sie wie Donner trifft. Deshalb ist ein Benediktiner-Kloster „schola Dominici servitii“, eine Schule, in der man lernt, sich auf die höchste Ordnung einzustimmen.

Eine solche Ordnung ist allerdings keineswegs starr. Es wäre ein großes Missverständnis, die höchste Ordnung als statisch zu begreifen. Ganz im Gegenteil. Sie ist zuinnerst dynamisch. Das einzige, womit wir diese Ordnung vergleichen können, ist der Tanz der Sphären. Wir sind eingeladen, uns auf diese Harmonie einzustimmen, nach der das ganze Universum tanzt. Im Kloster können wir dies in einem professionellen Rahmen lernen. Der Heilige Augustinus drückt die Dynamik der höchsten Ordnung aus, wenn er sagt: „ordo est amoris“, das heißt, Ordnung ist einfach Ausdruck der Liebe, die das All bewegt, Dantes „l’amor che muove il sole è l’altre stelle“. Während sich jedoch das übrige Universum frei und anmutig in kosmischer Harmonie bewegt, sind wir Menschen nicht ohne Weiteres dazu in der Lage. Es kostet uns Mühe, unser Leben mit der dynamischen Ordnung der Liebe in Einklang zu bringen. An einem gewissen Punkt müssen wir sogar die ungewohnte Anstrengung machen, uns nicht anzustrengen. Das mag uns die größte Kraft kosten. Das Hindernis, das es zu überwinden gilt, ist Verhaftetsein, selbst das Verhaftetsein mit unserem eigenen Bemühen. Die Askese ist professionelles Training zur Überwindung des Verhaftetseins in jeglicher Form.

Das Bild vom Tanz kann uns helfen, dies zu verstehen. Losgelöstheit – der verneinende Aspekt der Askese – befreit unsere Bewegungen, macht uns behende, gelöst. Der bejahende Aspekt der Askese ist wache Lebendigkeit. Indem wir frei werden, uns gelöst zu bewegen, lernen wir, Schritt für Schritt auf den Rhythmus einzugehen und lauschend mit der Musik lebendig zu werden.

Wir können Askese also als jenes Training verstehen, das uns (verneinend) losgelöst von allem, was hindert, um uns (bejahend) mit der höchsten Harmonie in Einklang zu bringen. Soll diese Harmonie jedoch wahrhaft universell sein, so muss sie die gesamte Wirklichkeit umfassen. Zielt Kontemplation darauf ab, „die beiden Tempel zu verbinden", so muss die gesamte Wirklichkeit bis in ihre innerste leuchtende Struktur hinein transparent werden, und die höchste Ordnung muss ihren Ausdruck finden in Raum und Zeit. Askese formt daher ihren eigenen Lebensraum, in dem das Bewusstsein von Raum und Zeit als eine Form des Gehorsams gegenüber der Umwelt als Guru gepflegt wird.

Wenn ich es richtig verstehe, so bedeutet das Wort Guru „der die Finsternis vertreibt". Das soll nicht heißen, dass die Wirklichkeit aus zwei Teilen besteht: hier Gut und Licht, dort Schlecht und Dunkel. Ich verstehe das Vertreiben von Finsternis symbolisch, als Vertreibung von Irrtum und Verwirrung. Wenn es dem Guru gelingt, die Finsternis der Verwirrung zu vertreiben – angefangen mit dem Irrtum, dass Gut und Böse zwei voneinander unabhängige Teile der Wirklichkeit seien –, dann herrscht Ordnung. Wir dürfen jedoch nicht vergessen, dass es sich hier um die dynamische Ordnung des Lebens und der Liebe handelt, um die geheimnisvolle Ordnung des großen Tanzes. Die verschiedenen Traditionen haben eine Vielzahl von Formen dafür entwickelt, wie man lernen kann, sein Leben in Ordnung zu bringen – in diese dynamische Ordnung. Besondere Bedeutung hat für uns jene Form, die man als Umweltaskese bezeichnen könnte, die Askese von Raum und Zeit.

Die Askese des Raumes fördert die Loslösung in Bezug auf den Ort, wo immer wir auch seien. Ihr Ziel ist, da wirklich gegenwärtig zu sein, wo wir gerade sind. Dies ist der erste Schritt – und wie oft gelingt er uns nicht! Wir sind uns selbst voraus oder bleiben hinter uns zurück. Vielleicht aber schauen wir weder voraus in eine Zukunft, die noch nicht da ist, noch halten wir an einer Vergangenheit fest, die schon vorbei ist – und sind doch nicht in der Gegenwart. Wir sind hier und doch nicht hier, weil wir nicht wach sind. Gegenwärtig zu sein, bedeutet, zur Wirklichkeit des Ortes aufzuwachen.

Dies gilt auch für andere Traditionen der Askese. In der jüdisch-christlichen Tradition gibt es einen klassischen „locus" für Erkenntnisse hinsichtlich der Askese des Raumes: die spirituelle Auslegung der Szene, in der Moses vor dem brennenden Dornbusch steht. Die Stimme aus dem Busch ruft ihm zu: „Zieh deine Schuhe aus! Du stehst auf heiligem Boden." Die Schuhe ausziehen – das ist die Askese des Raumes. Die Schuhe auszuziehen bedeutet, wirklich dazustehen, in voller Lebendigkeit. Die Schuhe oder Sandalen, die wir ausziehen, sind aus der Haut toter Tiere gefertigt. Solange wir sie tragen, ist etwas Totes zwischen den lebendigen Sohlen unserer Füße und dem Boden, auf dem wir stehen. Dieses Tote abzustreifen bedeutet, Gewohnheit abzustreifen, jenes Gewohntsein, das Gleichgültigkeit und Langeweile mit sich bringt. Es bedeutet, in ursprünglicher Frische für den Ort wach zu werden, an dem wir stehen.

Zuerst ist dies ein ganz besonderer Ort, der heilige Bezirk, den wir barfuß betreten. Aber dann kommt der nächste entscheidende Schritt: Wir erkennen, dass wir auf heiligem Boden stehen, wo immer wir die Schuhe ausziehen. „Rundum in jeder Richtung, soweit Raum reicht, reicht das Heiligtum" (Hes 45, 1) Pater Damasus wurde nie müde, diese Bibelstelle seinen Mönchen zu zitieren. Wir müssen nur einfach unsere Schuhe ausziehen, dann werden wir dies verstehen.

In der Benediktinertradition bestimmt diese Einsicht, wie man sich in jeder Einzelheit der Umwelt gegenüber verhalten soll. Die Regeln des Heiligen Benedikt sind so knapp gefasst, dass man sie fast als ein hochkonzentriertes Destillat bezeichnen könnte, und dennoch findet man darin erstaunlich viele Stellen, die von der Umwelt sprechen: von der architektonischen Gestaltung des Klosters, dem Gebrauch von Werkzeugen, der Ernährung und Kleidung der

Mönche, der Ausstattung des Klosters. Ganz deutlich wird dies, wenn der Heilige Benedikt sagt, dass jeder Topf und jede Pfanne im Kloster wie ein heiliges Altargefäß behandelt werden sollte. Das heißt soviel wie: „Zieht eure Schuhe aus und erkennt, dass ihr auf heiligem Boden steht; allerorten ist Gottes Tempel."

Jeder Ort ist heiliger Boden, denn jeder Ort kann Stätte der Begegnung werden, der Begegnung mit göttlicher Gegenwart. Sobald wir die Schuhe des Daran-Gewöhnt-Seins ausziehen und zum Leben erwachen, erkennen wir: Wenn nicht hier, wo sonst? Wann, wenn nicht jetzt? Jetzt, hier oder nie und nirgends stehen wir vor der letzten Wirklichkeit. Ob die Mönche auf dem Feld arbeiten oder auf Reisen sind, wo immer sie auch sein mögen, wenn es Zeit zum Gebet ist, dort sollen sie ehrfürchtig niederknien, gebietet die heilige Regel. Und so führt die Askese des Raumes zur Askese der Zeit. Zum Hier, zum heiligen Ort, gehört das Jetzt, der heilige Augenblick; „kairos" (griechisch: Zeit), die rechte Zeit, das Heute, von dem die Liturgie immer wieder singt. „Heute, wenn ihr seine Stimme hört, verhärtet eure Herzen nicht!" – ein gewichtiges Psalmwort, mit dem wir Mönche jeden Tag beginnen. Dieses Heute ist immer.

Im klösterlichen Lebensraum ist Zeit etwas völlig anderes als das, was Uhren messen können. Die Zeit gehört nicht uns. Wenn T. S. Eliot von der „Zeit, die nicht unsere ist" spricht, dann weist dies auf Losgelöstheit von der Zeit hin. Wir behaupten, Zeit zu haben, Zeit zu gewinnen, Zeit zu sparen; in Wirklichkeit gehört uns die Zeit nicht. Sie wird nicht von der Uhr abgelesen, sondern daran, *wann es*

Zeit ist. Deshalb sind Glocken in einem Kloster von so großer Bedeutung. Und dies nicht nur, weil die meisten Mönche ohne Glocke nicht aufwachen (wenn auch niemand behaupten wird, das sei unwichtig). In Wirklichkeit geht es darum, dass in einem Kloster Dinge nicht getan werden, wenn einem gerade danach zumute ist, sondern wenn es dafür Zeit ist. Nach der Regel des Heiligen Benedikt wird von einem Mönch erwartet, dass er die Feder aus der Hand legt im Augenblick, wo die Glocke läutet, und nicht einmal mehr einen Querstrich aufs t oder ein Pünktchen aufs i setzt. Das ist Askese der Zeit.

Wenn es Zeit für etwas ist, dann verlangt das etwas von uns, ob es uns passt oder nicht. Auch wenn wir nur fünf Minuten zu spät kommen, geht die Sonne kein zweites Mal für uns auf oder unter. Auch die Mittagszeit können wir nicht verschieben, indem wir die Uhr zurückdrehen. Sonnenaufgang, Mittag, Abend, das sind entscheidende Zeiten, um die sich der Tag im Kloster dreht; kosmische Augenblicke, auf die die Glocke hinweist, nicht willkürliche Uhrzeiten auf einem Fahrplan. Die Glocken im Kloster sollen uns daran erinnern, dass es Zeit ist, wenn wir sie läuten hören – „nicht unsere Zeit".

In dem Augenblick, wo wir unsere Zeit loslassen, haben wir alle Zeit der Welt. Wir sind jenseits der Zeit, weil wir in der Gegenwart sind, im Jetzt, das Zeit überwindet. Das Jetzt ist nicht in der Zeit. Jetzt geht über Zeit hinaus. Nur wir Menschen wissen, was „jetzt" bedeutet, weil wir „existieren", – weil wir aus der Zeit „herausragen". Das ist ja die Bedeutung von Existenz. Und all diese klösterlichen Glocken wollen uns einfach erinnern: Jetzt! – und sonst nichts.

Uns durcharbeiten durch diese Askese von Raum und Zeit, von der Verwirrung zur Ordnung, von der Finsternis zum Licht – das ist es, was wir im Kloster zu tun versuchen. Freilich können wir nicht behaupten, dass es uns schon gelungen sei. Um nochmals Eliot zu zitieren:

> Dies Ziel ist hienieden
> Den meisten von uns unerreichbar,
> Wir, die nur unbesiegt bleiben
> Weil wir es stets aufs Neue versuchten.[1]
>
> Für uns gilt nur der Versuch
> Der Rest ist nicht unsere Sache.[2]

Wir versuchen, in diese Askese von Raum und Zeit einzutreten, versuchen uns einer Umwelt, die Finsternis und Verwirrung vertreibt, zu öffnen und so inneren Frieden zu finden.

Unsere lateinische Tradition definiert Frieden als „tranquillitas ordinis“, die Stille der Ordnung. Ordnung ist untrennbar von Stille, aber diese Stille ist dynamisch. Die Ruhe der Ordnung ist eine dynamische Ruhe, es ist die Stille einer unbewegt brennenden Flamme, eines Rades, das sich so schnell dreht, dass es still zu stehen scheint.

[1] T. S. Eliot, The Dry Salvages

[2] T. S. Eliot, East Coker

Stille in diesem Sinn ist nicht nur eine Eigenschaft der Umwelt, sondern vor allem eine innere Haltung, die Haltung des Hinhorchens. Jeder von uns ist eingeladen, dieses Geschenk der Stille allen anderen weiterzuschenken. Wir wollen einander Stille schenken. Lasst uns hier und jetzt damit beginnen. Lasst uns einander das Geschenk der Stille geben, sodass wir gemeinsam horchen und einander zuhorchen können. Nur in dieser Stille wird es uns möglich sein, den sanften Atem des Friedens zu hören, die Musik der Sphären, die allumfassende Harmonie, in der zu tanzen wir hoffen.

Durch die Sinne Sinn finden

„Sei … am Kreuzweg deiner Sinne
ihrer seltsamen Begegnung Sinn.“

Der Dreischritt des horchenden Herzens

Sinnlichkeit ist leider nicht gut angeschrieben bei manchen, die sich dabei noch besonders christlich vorkommen. Jesus Christus würde sich allerdings nicht recht wohl fühlen mit einer so verstandenen Christlichkeit. Er selbst war so sinnenfreudig, dass seine Gegner ihn einen „Fresser und Weinsäufer“ nannten (Mt 2, 19). Die so urteilten, kamen sich schon damals besonders religiös vor in ihrer Eingeengtheit. Seine Freunde aber erlebten in der Begegnung mit ihm ganz sinnfällig die befreiende Weite von Gottes Gegenwart. Im Leuchten seiner Augen sahen sie Gottes Herrlichkeit. Im Klang seiner Stimme wurde Gottes Wort für sie laut. Wenn er sie anrührte, dann wurde der Gottesbegriff handgreifliche Wirklichkeit. Und von da ist es nur ein kleiner Schritt zur Erkenntnis, dass alles, was unsere Sinne wahrnehmen, Gottesoffenbarung sein will. Das hat unser hellhöriges Herz ja schon immer geahnt.

Die Sinnlichkeit christlicher Gottesbegegnung ist untrennbar verbunden mit der Frohbotschaft:

„Das da von Anfang war,
das wir gehört haben,
das wir gesehen haben mit unseren Augen,
das wir beschaut haben und unsere Hände betastet haben,
vom Wort des Lebens …
das verkünden wir euch, …
auf dass eure Freude völlig sei“ (1. Joh 1f).

Auf Freude zielt diese Botschaft ab. Aber nur, wenn wir christliche Sinnlichkeit wiederfinden, wird sich uns auch christliche Lebensfreude wieder erschließen. Nur dann können wir die Frohbotschaft wirklich verstehen.

Gesunder Menschenverstand sagt uns ja schon, dass nichts in unserem Verstand zu finden sei, was nicht zuerst durch die Sinne Eingang fand. Alle unsere Begriffe sind im Begreifen verwurzelt. Wer sich an diesen Wurzeln nicht die Hände beschmutzen will, dessen säuberliche Begrifflichkeit wird bald entwurzelt vertrocknen. Von Übersinnlichkeit ist nur ein kleiner Schritt zur Widersinnlichkeit. Das Unsinnliche wird allzuleicht zum Unsinn. Einem Leben aber, das im Sinnlichen verwurzelt ist, ohne darin verstrickt zu sein, wird daraus immer frischer Sinn erwachsen und immer neue Lebensfreude. Bleibende Freude überdauert freilich die verwelklichen Sinne. Sie übersteigt und übertrifft das Nur-Sinnliche. Nie aber ist echte Lebensfreude dem Sinnlichen entfremdet, so weit sie auch darüber hinauswächst.

Entfremdung von den Sinnen widerspricht so völlig echter Menschlichkeit und echter Christlichkeit, dass wir uns wundern müssen, wie wir uns je da hinein verirren könnten. Die Möglichkeit für eine solche Verirrung ist aber in unserem menschlichen Grundbewusstsein vorgegeben. Dieses ist nämlich zweifach. Einerseits erleben wir uns selbst als leiblich. Wir schauen in den Spiegel und sagen: „Das bin ich." Andererseits sagen wir aber: „Ich habe einen Körper", weil unser Selbst doch irgendwie über das rein Körperliche, das wir im Spiegel sehen, hinausgeht. Der Geschmack von Walderdbeeren, unsere Zahnschmerzen, oder das Wohlbefinden nach dem Bad, das sind offenbar körperliche Erfahrungen. Von Reue, Heimweh oder heiliger Scheu können wir das nicht mit derselben Überzeugung behaupten. Weil also sowohl Sinnliches wie Übersinnliches zu unserem Erleben gehört, besteht die Gefahr, das wirklich Menschliche ausschließlich in einem dieser beiden Bereiche zu suchen. Aber wir Menschen sind Überbrücker. Unsere große Aufgabe ist es, zwischen den beiden Bereichen menschlichen Bewusstseins keinen Zwiespalt aufkommen zu lassen. Ein Mensch, der das Übersinnliche nicht anerkennt und pflegt, sinkt tief unter das Tier. Wer aber das Sinnliche vernachlässigt oder verleugnet, kann sich gerade deshalb nicht darüber erheben. Ein solcher Mensch bleibt – das Bild stammt von Christopher Frei – ein schwachsinniger Engel, der einem Maultier aufgeschnallt ist.

Zur vollen Menschenwürde gehören Leib und Geist, Sinnlichkeit und Sinnfindung. Rainer Maria Rilke will uns an unsere hohe Aufgabe erinnern, in drei Zeilen, die hier für uns von großer Bedeutung sind:

Sei in dieser Nacht aus Übermaß
Zauberkraft am Kreuzweg deiner Sinne,
ihrer seltsamen Begegnung Sinn.[1]

Kreuzweg unserer Sinne ist das Herz. Herz bedeutet den Schnittpunkt unserer geistigen und unserer leiblichen Wirklichkeit. Herz bedeutet jenen Mittelpunkt unserer individuellen Innerlichkeit, wo wir zugleich eins sind mit allen anderen Menschen, Tieren, Pflanzen – mit dem ganzen Kosmos. In unserem Herzen ist Gott uns näher, als wir uns selber sind. Der Heilige Augustinus versichert uns dies aus seiner mystischen Erfahrung, und wir ahnen es aus unserer eigenen. Zugleich weiß Augustinus aber auch (und wir wissen es), dass unser Herz ruhelos sei, bis es heimfinde zu seinem Ausgangspunkt, heim zur göttlichen Mitte. Vom Ursprung unserer Ruhelosigkeit sagt Rilke:

Gott spricht zu jedem nur, eh er ihn macht,
dann geht er schweigend mit ihm aus der Nacht.
Aber die Worte, eh jeder beginnt,
diese wolkigen Worte, sind:
Von deinen Sinnen hinausgesandt,
geh bis an deiner Sehnsucht Rand;
gieb mir Gewand.

Hinter den Dingen wachse als Brand,
dass ihre Schatten, ausgespannt,
immer mich ganz bedecken.

[1] R. M. Rilke, Sonette an Orpheus, II:4; Vol. I; Insel, Wiesbaden 1957, S. 753

Lass dir Alles geschehn: Schönheit und Schrecken.
Man muss nur gehn: Kein Gefühl ist das fernste.
Lass dich von mir nicht trennen.
Nah ist das Land,
das sie das Leben nennen.
Du wirst es erkennen
an seinem Ernste.
Gieb mir die Hand.[2]

„Von deinen Sinnen hinausgesandt, geh bis an deiner Sehnsucht Rand …" Was aber ist diese Sehnsucht? Ist sie nicht letztlich Heimweh? Heimweh nach jenem Urquell von Sinn, den wir Gott nennen. Und der quillt in unserem innersten Herzen auf. Die Sinne senden uns hinaus. Und nur so können wir dahin kommen, wo wir immer schon sind. Unsere Ausfahrt zum äußersten Rand unserer Sehnsucht ist Heimkehr zur Herzmitte. Sinn finden wir, wenn wir mit dem Herzen horchen lernen.

Das Menschenherz ist das Organ der Sinnfindung. Mit dem Herzen horchen wir. Mit dem Herzen können wir aber auch schauen. Mit dem Herzen können wir wie Spürhunde Wind bekommen und einer Fährte folgen; können im Dunkeln tasten; können dankbar kosten vom Festmahl, das uns bereitet ist. Das Herz ist wahrhaft Kreuzweg all unserer Sinne.

[2] R. M. Rilke, Stundenbuch; Vol. I; Insel, Wiesbaden 1957, S. 294

Am geläufigsten sind uns die Redewendungen, in denen dem Herzen ein inneres Schauen zugeschrieben wird. Wir sprechen z. B. von den Augen des Glaubens, die doch nur Augen des Herzens sein können. Sie schauen durch alle Äußerlichkeiten hindurch auf das Wesentliche. Sie sehen, wie im Unscheinbarsten das Leuchten göttlicher Herrlichkeit aufstrahlt. Sie erkennen im tiefsten Grund aller Dinge eine Treue, der wir vertrauen dürfen. – Wir sprechen auch von den Augen der Hoffnung, die noch größere Sehkraft besitzen. Sie sehen selbst in der Finsternis der Gottesferne Gottes Gegenwart. – In der Liebe geht das Herz aber noch über den Glauben und die Hoffnung hinaus. Die Augen der Liebe sehen, was es noch gar nicht gibt, weil das Schauen des Herzens ein schöpferisches Schauen ist. Wir meinen, die Liebe sei blind. Aber sie drückt nur ein Auge zu, dem Kind zuliebe, wie eine Mutter. Mütter übersehen gern vieles, um des Einen willen, das noch seine Möglichkeit ist. Und wer so angeschaut wird, der wächst in diese Möglichkeit hinein. Das Herz hat die Augen einer Mutter.

Gerade deshalb aber hat das Herz auch jungfräuliche Augen. Es ist noch offen für unbegrenzte Möglichkeiten. Nur die Augen der Jungfrau können das Einhorn sehen, „das Tier, das es nicht gibt“, wie die Gobelinstickerinnen in Rilkes Sonett.

> O DIESES ist das Tier, das es nicht giebt.
> Sie wusstens nicht und habens jedenfalls
> – sein Wandeln, seine Haltung, seinen Hals,
> bis in des stillen Blickes Licht – geliebt.

Zwar *war* es nicht. Doch weil sie's liebten, ward
ein reines Tier. Sie ließen immer Raum.
Und in dem Raume, klar und ausgespart,
erhob es leicht sein Haupt und brauchte kaum

zu sein. Sie nährten es mit keinem Korn,
nur immer mit der Möglichkeit, es sei.
Und die gab solche Stärke an das Tier,

dass es aus sich ein Stirnhorn trieb. Ein Horn.
Zu einer Jungfrau kam es weiß herbei –
und war im Silber-Spiegel und in ihr.[3]

So schöpferisches Schauen ist Vollendung, nicht Anfängerübung. Wir dürfen nicht erwarten, das Einhorn zu sehen, wenn wir uns nicht einmal einen Laufkäfer gründlich anschauen, der uns über den Weg läuft. Das Schillern seines Panzers hatte ich schon lange bewundert. Aber erst eine Bemerkung von C. S. Lewis hat mir die Augen geöffnet für das irgendwie Altmodisch-Komische dieses langbeinigen Geschöpfes, das alle beweglichen Bestandteile außen hat, wie eine Eisenbahnlokomotive aus dem vorigen Jahrhundert. Aber, um so etwas zu bemerken, müssen wir uns Zeit lassen. Es genügt nicht, dem kaum Beachteten schnell eine Bezeichnung zu geben, es sozusagen mit einer Inventarnummer abzufertigen. Wir müssen anschauen, was uns unterkommt. Die Sinnschau des Herzens beginnt mit dem

[3] R. M. Rilke, Sonette an Orpheus, II: 4; WK. Vol. I; Insel, Wiesbaden 1957, S. 753

genauen Hinschauen der Augen. Wenn wir Sinn finden wollen im Leben, so müssen wir mit den Sinnen beginnen. Um mit dem Herzen horchen zu lernen, müssen wir zuerst lernen, mit den Ohren wirklich zu lauschen. Und so mit allen Sinnen.

Wie aber sollen wir dies angehen? Aus meiner eigenen Erfahrung glaube ich, drei Schritte unterscheiden zu können, die vielleicht Allgemeingültigkeit besitzen. Den ersten Schritt nenne ich „Kindliche Sinnlichkeit", eine Haltung, die wir als Kinder besitzen, die wir aber im späteren Leben erst wieder erwerben müssen. Wesentlich daran ist das ungetrübte Vertrauen, mit dem wir uns dem Sinnlichen hingeben. Diese Hingabe führt uns, wenn sie echt ist, zu einer Begegnung: Überrascht begegnen wir – ich kann es nicht besser ausdrücken – einem Gegenüber, das sich uns gibt, in dem Maß, in dem wir uns selber geben. Diesen Schritt möchte ich mit Rilkes oben angeführtem Ausdruck „die seltsame Begegnung" nennen. Im dritten Schritt wird uns zur Erfahrung, dass das ganz andere, das unseren Sinnen da begegnet, zugleich unser eigenstes Selbst ist. Wir sind selber der Sinn dessen, was wir sinnlich erfahren. Wenn uns das klar wird, und erst dann, finden wir durch unsere Sinne Sinn. Sinn wird, wenn wir selber Sinn werden. Beides klingt an, wenn wir diesen dritten Schritt „Sinnwendung" nennen.

Scheint das allzu philosophisch? Wir dürfen uns nicht abschrecken lassen. In Wirklichkeit ist es ganz einfach. In unserer Kindheit waren uns diese drei Schritte durchaus vertraut, wenn wir auch nicht darüber nachdachten. Wenn der

Dichter sagt: „Sei … am Kreuzweg deiner Sinne ihrer seltsamen Begegnung Sinn", so ist das unserem Herzen verständlich, wenn unser Verstand auch nachhinkt. Und das Kind in uns kann kaum warten, bis wir ihm erlauben, sich, von seinen Sinnen hinausgesandt, bis an seiner Sehnsucht Rand zu wagen. Sobald wir aber nur einmal damit anfangen, führt schon ein Schritt zum nächsten. Wir dürfen uns da auf unser eigenes Erleben verlassen. Darauf kommt es ja schließlich an. Denn, was nicht im Erleben wurzelt, ist ja nur Scheinwissen. Im Folgenden möchte ich also aus meinem eigenen Erleben über „Kindliche Sinnlichkeit", über „Die seltsame Begegnung" und über „Sinnwerdung" sprechen. Wenn das hie und da ein Echo weckt in der Erinnerung derer, die es lesen, dann sind wir vielleicht doch auf der rechten Spur zu einem hellhörigen Herzen.

Die meisten von uns sind mehr Augen- als Ohrenmenschen. Wir stoßen also wohl auf den geringsten Widerstand, wenn wir die Beispiele für unsere drei Schritte zunächst aus dem Bereich des Schauens wählen. Gewöhnung und Übersättigung machen es andererseits gerade unseren Augen schwer, kindliche Frische zu bewahren. Vielleicht bemerken das schon die Kinder. Sie unterhalten sich manchmal damit, Daumen und Zeigefinger im Rahmen eines Guckloches zu machen, durch das die Welt auf einmal ganz anders aussieht. In den entlegensten Teilen der Welt erfinden Kinder dieses Spiel offenbar immer wieder von neuem. Dahinter steckt die Tatsache, dass ein ungewohnter Ausschnitt des allzu oft Gesehenen uns überraschend neu erscheinen kann.

Es gibt da in Spielwarenhandlungen neuartige Kaleidoskope, die nicht in einer Mattscheibe mit bunten Glasstückchen enden, wie die altmodischen, sondern in einer Linse. Man kann sie also wie ein Fernrohr ringsum auf Gegenstände richten, die dann die Prismen im Rohr zu sechs- oder achteckigen Sternen umgestalten. Plötzlich ist uns die alltägliche Umwelt verzaubert. Wir sehen sie wie zum ersten Mal.

Noch einfacher lässt sich das erreichen, indem wir in ein Blatt Papier ein winziges Guckloch stechen. Da brauche ich nur auf meine eigene Hand zu schauen. Weil ich nun nicht mehr die ganze Hand in den Blick bekomme, ja nicht einmal einen einzigen Finger, lässt sich, was ich sehe, nicht einfach mit „Hand" oder „Finger" abtun. Was ist das denn eigentlich, dieses knollig gerunzelte Braune mit ein paar borstigen Haaren? In dem Bruchteil eines Augenblickes, bevor mir „Fingergelenk" in den Sinn kommt, habe ich endlich einmal wirklich hingeschaut. Das lässt sich lernen. Und das Lernen wird uns Spaß machen, sobald das Kind in uns nur einmal wach wird. Nichts ist wichtiger als das. Nur wenn wir das Kind in uns wiederentdecken und befreien, dürfen wir hoffen, Sinnenfreudigkeit wiederzufinden. Das aber ist der erste Schritt auf dem Weg, im Leben Sinn zu finden.

Wie viel uns doch verloren geht, nur weil wir so abgestumpft durchs Leben gehen. Wie viel uns doch verloren geht an Freuden, an Überraschungen, die uns überall umgeben und nur darauf warten, entdeckt zu werden. Aber es muss nicht so sein. Wir können unser fortschreitendes Stumpfwerden aufhalten wie einen Krankheitsprozess. Wir können den Ablauf umkehren, können lernen, jeden Tag noch nie Gewürdigtes neu zu erleben. Am Morgen, noch bevor wir die Augen öffnen, können wir schon damit anfangen. Wir brauchen uns nur daran zu erinnern, was für ein Geschenk unsere Augen doch sind. Der Blinde in einem Gedicht Rilkes kennt das Geschenk, weil es ihm fehlt. „Euch", sagt er zu uns, „kommt jeden Morgen das neue Licht warm in die Wohnung." Würden wir nicht unsere Augen ganz anders öffnen, wenn wir es dankbar täten? Dankbarkeit ist der Schlüssel zur Lebensfreude. Wir halten diesen Schlüssel in unseren eigenen Händen.

Wir sagen „blau". Aber was heißt schon „blau"? Wir schauen ja kaum hin. Wir kleben dem Ding nur schnell eine Freimarke auf. Fertig. Wir drücken ihm einen Stempel auf: „Blau. – Erledigt. Nächste Nummer!"

Was unser Verstand mit kalter Ungenauigkeit blau nennt, das kennt unser Herz als die Farbe von Taubenflügeln und von Wiesenenzian, von Stahl und Lavendel, von kleinen Schmetterlingen, die am Feldweg um eine Pfütze tanzen, und vom Sommerhimmel, der sich im Braun der Pfütze dennoch blau spiegelt. Das Kind in uns weiß noch, wie viel tausenderlei Blau es gibt.

Das Kind in uns ist Dichter. Unser Herz bleibt zeitlebens dichterisch, ob wir es wahrhaben wollen oder nicht. Und Dichter wissen, wie vielschichtig, wie nahezu unerschöpflich das ist, was wir so einfachhin „blau" nennen. Wie Rilke etwa tiefer und tiefer taucht, wo an der Oberfläche nichts zu sehen ist, als eine „Blaue Hortensie".

So wie das letzte Grün in Farbentiegeln
sind diese Blätter, trocken, stumpf und rauh,
hinter den Blütendolden, die ein Blau
nicht auf sich tragen, nur von ferne spiegeln.

Sie spiegeln es verweint und ungenau,
als wollten sie es wiederum verlieren,
und wie in alten blauen Briefpapieren
ist Gelb in ihnen, Violett und Grau;

Verwaschnes wie an einer Kinderschürze,
Nichtmehrgetragnes, dem nichts mehr geschieht:
wie fühlt man eines kleinen Lebens Kürze.

Doch plötzlich scheint das Blau sich zu verneuen
in einer von den Dolden, und man sieht
ein rührend Blaues sich vor Grünem freuen.[4]

Können Kinder wirklich all das sehen? Nein. Aber Kinder können so schauen. Und unser Leben ist nicht lang genug, um auszuschöpfen, was wir sehen können, wenn wir wie Kinder schauen; so offen, so hingegeben, so tapfer vertrauend. Ja, es gehört Tapferkeit dazu, sich etwa dem Blau einer Hortensie auszusetzen und „eines kleinen Lebens Kürze" zu erleiden. Als Kinder hatten wir noch den Mut dazu, aber seitdem sind wir feige geworden.

[4] R. M. Rilke, Neue Gedichte, Vol. I; Insel, S. 519

Goethe wundert sich in einem seiner Aussprüche, warum denn aus so vielversprechenden Kindern immer wieder nichts würde als langweilige Erwachsene. Die Antwort ist einfach: aus Feigheit. Darum ist Dichtung so wichtig. Dass Dichter Gedichte machen ist halb so wichtig, als dass sie uns dadurch Mut machen, Mut, unsere Sinne zu öffnen. Unsere Kindheit ist viel zu kurz, um Versprechen zu erfüllen, die sie enthält. Ein ganzes Leben reicht kaum dazu aus. Kindwerden liegt immer in der Zukunft, wie das Himmelreich, „das Land der tausend Sinne", wie Walter Flex es nennt. Kindwerden kostet uns den Panzer aus eisernen Ringen, mit dem wir unser Herz unverwundbar machen, aber auch gefühllos. Wir können Kinder werden, wenn wir uns getrauen, unser Herz dem Leben auszusetzen, ungesichert, verwundbar, aber wahrhaftig lebendig. Dichter wagen es. Sie haben ihr Leben – und wieder hat Rilke das rechte Wort gefunden – „ausgesetzt auf den Bergen des Herzens".

Kindwerden will geübt sein. Wir müssen nur irgendwo anfangen, und heute noch. Vielleicht sollten wir unsere geistige Ernährung aufbessern, etwa mit einem Gedicht pro Tag. Oder wir könnten es uns leisten, täglich fünf Minuten lang etwas anzuschauen, ganz gleich was, nur einfach um der Freude des Anschauens willen. Ein Museum erlaubt uns das, wenn wir nicht im Studieren stecken bleiben. Freilich, wir dürfen und sollen Museen auch zum Studium benützen. Noch wichtiger ist aber, dass wir lernen, darüber hinauszugehen; dass wir die reine Freude des Anschauens lernen. Und dazu bedarf es gar keines Museums. Wir Kinder kannten ein Weidengestrüpp am Preinerbach, das wir „Bachmuseum" nannten. Nach jedem Wolkenbruch schwemmte dort das Wasser neue Sehenswürdigkeiten an. Da war ein rostiger Vogelkäfig, halb im Sand vergraben. Ein lederner Stiefel mit Löchern in der Sohle lag halb im Wasser. Noch grüne Äpfel schwammen wieder und wieder im Kreis in einer seichten Bucht. Und Fetzen von einem gestreiften Hemd hingen im von der Strömung kahlgespülten Wurzelwerk. Stundenlang konnten wir da auf dem Schulweg am Bachrand stehen und schauen.

Wenn ich heutzutage wenigstens vor einem Werk Picassos oder El Grecos so stehen könnte und so schauen. Wenn es uns aber einmal geschenkt wird – so sehr wir uns nämlich bemühen müssen, es bleibt letztlich doch Geschenk, – wenn wir einmal ganz Auge sind, dann ereignet sich etwas Seltsames. Wieder ist es Rilke, der uns dies in Erinnerung ruft. Wir haben es ja alle erlebt. Aber es ist uns irgendwie unheimlich, und da ziehen wir uns furchtsam ins Vergessen zurück.

In seinem Sonett „Archaischer Torso Apollos" feiert der Dichter jene seltsame Begegnung. Zwölf Zeilen genügen ihm, um uns völlig in den Bann dieses griechischen Bildwerks zu ziehen. Wir stehen wie geblendet vor diesem Torso aus flimmerndem Marmor. Wir sind ganz Auge. Und das ist der Punkt, an dem sich das Seltsame ereignet. Völlig ins Anschauen versunken, sind wir plötzlich die Angeschauten. Mitten in der vorletzten Zeile dreht sich unvermittelt alles um: „denn da ist keine Stelle, die dich nicht sieht".

Die wir uns für Kenner hielten, sind erkannt. Wir, die als Richter kamen, stehen vor Gericht. Dann fällt der Richtspruch.

Wir kannten nicht sein unerhörtes Haupt,
darin die Augenäpfel reiften. Aber
sein Torso glüht noch wie ein Kandelaber,
in dem sein Schauen, nur zurückgeschraubt,

sich hält und glänzt. Sonst könnte nicht der Bug
der Brust dich blenden, und im leisen Drehen
der Lenden könnte nicht ein Lächeln gehen
zu jener Mitte, die die Zeugung trug.

Sonst stünde dieser Stein entstellt und kurz
unter der Schultern durchsichtigem Sturz
und flimmerte nicht so wie Raubtierfelle;

und bräche nicht aus allen seinen Rändern
aus wie ein Stern: denn da ist keine Stelle,
die dich nicht sieht. Du musst dein Leben ändern.[5]

Der letzte Satz, ganz am Ende der letzten Zeile, spricht das Urteil über uns aus. Dass dieser Richtspruch uns zu dem verurteilt, was wir uns im Geheimen ersehnen, wird noch zu zeigen sein. Hier wollen wir zunächst die seltsame Begegnung ins Auge fassen, aus der das Urteil mit innerer Notwendigkeit fließt. Wenn unser befeuertes Schauen jenen

[5] R. M. Rilke, Der Neuen Gedichte anderer Teil, Vol. 1; Insel, S. 557

Grad erreicht, den wir den Schmelzpunkt nennen könnten, dann sind wir endlich völlig gesammelt. Was sich sonst an Vergangenes klammert oder nach Zukünftigem ausstreckt, ist jetzt in Sammlung gegenwärtig. Und da ereignet es sich dann, dass uns etwas Geheimnisvolles „entgegenwartet". (Das Wort stammt auch von Rilke.) Ob wir es das Schöne nennen, das Wahre, das Gute, oder einfach die treue Verlässlichkeit auf den Grund aller Dinge – was uns da begegnet, erwartet etwas von uns, erwartet alles von uns: „Du musst dein Leben ändern."

Unser gesammeltes Herz erlebt, dass Gegenwart etwas von uns erwartet. Wir mögen von der Forderung betroffen sein. Was aber von uns gefordert wird, ist etwas, wonach unser Herz sich im Grunde sehnt. Das Kind in uns sehnt sich danach. Immer wieder erfinden Kinder ein Spiel, in dem das Ausdruck findet. Das Kind schließt die Augen und springt von einer Bank oder vom Treppenabsatz dem Vater in die Arme. „Papa, fang mich auf!" Was die Verlässlichkeit auf dem Grund aller Dinge von uns verlangt, ist, dass wir uns darauf verlassen. Treue fordert Vertrauen. Darin liegt immer ein Wagnis. Wie aber sollen wir ohne Wagnis verwandelt werden? Und auf Verwandlung läuft alles hinaus. Verwandlung ist das Wesen des dritten Schrittes im Dreischritt des horchenden Herzens. Kindliche Sinnlichkeit, unser erster Schritt, führt zu einem Höhepunkt im zweiten, in der seltsamen Begegnung. Aber diese Begegnung verwandelt uns. In seinem Gedicht „Spaziergang" spricht Rilke mit seltener Klarheit von der Verwandlung, die sich in unserem dritten Schritt vollzieht.

Schon ist mein Blick am Hügel, dem besonnten,
dem Wege, den ich kaum begann, voran.
So fasst uns das, was wir nicht fassen konnten,
voller Erscheinung, aus der Ferne an –

und wandelt uns, auch wenn wirs nicht erreichen,
in jenes, das wir, kaum es ahnend, sind;
ein Zeichen weht, erwidernd unserm Zeichen …
Wir aber spüren nur den Gegenwind.[6]

Schau wird hier zur Wandlung. Schönheit ergreift und macht die Ergriffenen selber schön. Das Erlebnis von Erhabenem ist erhebend. Mehr noch: der Anblick dieses blühenden Mandelbäumchens (im Garten oder auf van Goghs Leinwand) lässt mich ganz klar fühlen, dass ich dadurch jetzt mehr ich selbst bin, als ich vorher war. Die Begegnung mit dem Unfasslichen am Rande unserer Sehnsucht verwandelt uns aber nicht in Fremdes, sondern „in jenes, das wir, kaum es ahnend, sind".

Von hier aus rückblickend, können wir den Dreischritt des schauenden, horchenden Herzens überall dort entdecken, wo es darum geht, im Leben Sinn zu finden. Wir Menschen sind ja so angelegt, dass Zweck allein uns nicht genügt. Kein Zweck kann uns befriedigen, wenn wir ihn nicht sinnvoll finden. Und wenn wir im Leben keinen Sinn mehr finden, dann ist es um uns geschehen. Was für Tiere der Selbsterhaltungstrieb ist, das ist für uns Menschen die Sehn-

[6] R. M. Rilke, Spaziergang, Vol. II; Insel, S. 161

sucht nach Sinn. Darum können wir ja unseren Selbsterhaltungstrieb, den wir mit den Tieren gemeinsam haben, opfern, so stark er auch immer sei. Wir können unser Leben hingeben, wenn uns das sinnvoll erscheint. Wir können freiwillig sterben. Jeder weiß das. Was nur wenige wissen, ist dies: Wir können auch freiwillig leben. Die innere Gebärde ist die gleiche. Unser Leben (täglich) hingeben, das heißt freiwillig leben. Nur so können wir Sinn finden. Das aber heißt, wahrhaft leben.

Wem fällt da nicht Goethes „Selige Sehnsucht" ein, und besonders die letzte Strophe?

> Und solang du das nicht hast,
> Dieses: Stirb und werde!
> Bist du nur ein trüber Gast
> Auf der dunklen Erde.

Rilke sagt es mit einer einzigen Zeile. Und die stammt aus dem Sonett, dem wir die Überschrift für diese Erwägungen entnommen haben.

Geh in der Verwandlung aus und ein.

Ist das der Sinn unseres Lebens? Seit Urzeiten fragt das Kind in unserem Herzen nach dem Sinn des Lebens. Seit Urzeiten gibt unser Herz die Antwort, gibt sie in der Form des Heldenmythos. Es ist daher gar nicht schwer, im typischen Heldenmythos den Dreischritt des horchenden Herzens wiederzufinden. Kindliche Sinnlichkeit hat doch etwas von der Tapferkeit an sich, mit der ein jugendlicher Held in die Welt hinauszieht, bereit für das Abenteuer. In der seltsamen Begegnung „fasst uns das, was wir nicht fassen konnten", „es ergreift uns Ergriffene". Auch der Held muss sich am Höhepunkt des Mythos dem Unfassbaren stellen, dem Geheimnis von Liebe und Tod. Liebe und Tod verlangen letztlich vom Helden, was die seltsame Begegnung von uns verlangt: Bereitschaft, unser Leben hinzugeben. Das ist es ja, was wir innerlich tun, wenn wir uns vertrauend verlassen auf die Treue und Verlässlichkeit im Herzen aller Dinge – wenn wir uns (uns selbst) verlassen. Aber diese innere Gebärde verwandelt. Den Helden, wie uns, verwandelt sie. Der Held wird durch die Begegnung mit dem Unfasslichen zum Lebensbringer, das heißt, zum Sinnträger. An uns wird das Wort wahr:

Sei in dieser Nacht aus Übermaß
Zauberkraft am Kreuzweg deiner Sinne,
ihrer seltsamen Begegnung Sinn.

Dass wir selber Sinn werden, wenn wir Sinn finden, das ist vielleicht am schwersten zu verstehen. Das christliche Verständnis unserer drei Schritte kann uns da vielleicht weiterhelfen. In christlicher Schau entspricht die kindliche Sinnlichkeit dem Glauben. Mit gläubig tapferem Vertrauen geht sie auf Gottes Welt zu, verlässt sich auf die göttliche Güte. Grundzug der seltsamen Begegnung ist dann die Hoffnung. Wie kindliche Sinnlichkeit zur seltsamen Begegnung führt, so der Glaube zur Hoffnung. Hoffnung ist ja völlige Offenheit für Überraschung, und die ist nur im Vertrauen des Glaubens möglich. Hoffnung kann sich ergreifen lassen vom Ergreifenden; sie kann sich verlassen, weil sie um die Verlässlichkeit weiß, die jedem Ding und jedem Augenblick zuinnerst eignet. Sie kann sich fallen lassen, weil sie weiß, dass einer „dieses Fallen unendlich sanft in seinen Händen hält"[7]. So aufgefangen zu werden im Fallen und dazu „ja" zu sagen, das ist der Liebe eigen. Es ist zugleich die innerliche Gebärde der Sinnfindung, der Sinnwerdung. Nur durch Liebe *finden* wir Sinn. Indem wir in Liebe aufgehen, *werden* wir Sinn.

„Wach auf!" heißt es in einer ganz frühen christlichen Hymne, „wach auf, der du schläfst, steh auf von den Toten, so wird dich Christus erleuchten." (Eph 5, 14). Das bedeutet zwar mehr, als dass unsere Sinne wach werden müssen, setzt es aber zumindest unbedingt voraus. Wie soll unser Herz hellhörig sein, solange unsere Sinne abgestumpft bleiben? Ist nicht schon das Wiederlebendigwerden unserer halbtoten Sinnlichkeit ein Aufstehen von den Toten? „Auf also endlich!" ruft uns der Heilige Benedikt im Prolog zur *Regula* zu:

„Auf also endlich, auf mit uns, denn die heilige Schrift spornt uns an, wenn es heißt: ‚Jetzt ist die Stunde da, vom Schlafe aufzustehen.' Unsere Augen offen für das Licht, das uns göttlich macht, lasst uns auf die göttliche Stimme horchen, die in unseren Ohren donnert, wenn sie uns täglich ruft und ermahnt und spricht: ‚Heute, wenn ihr seine Stimme hört, verhärtet nicht eure Herzen!'"

[7] R. M. Rilke, Herbst, Vol. I; Insel, S. 400

Das Wort vom „Licht, das uns göttlich macht“ ist eines der kühnsten im Schrifttum der christlichen Überlieferung. Nur solche Kühnheit aber wird der Frohbotschaft gerecht. Christus ist das Licht der Welt. In ihm, durch ihn und auf ihn hin ist alles erschaffen – vom „es werde Licht“, bis zum „es war sehr gut“. In seinem Lichte sehen wir das Licht und in diesem Licht finden wir ihn als Urgrund alles Geschaffenen. Indem wir ihn da finden, finden wir zugleich den Sinn alles Geschaffenen und uns selbst. Sinn aller Schöpfung ist es ja, Gottes Liebe zu offenbaren. Christus ist Offenbarung von Gottes Liebe; und das müssen auch wir selber werden. Er ist Ebenbild des unsichtbaren Gottes. Da wir als Gottes Ebenbild geschaffen sind, finden wir unser wahres Selbst, wenn wir im Herzen aller Dinge ihn finden. Dem kühnen Wort des Heiligen Benedikt entspricht das berühmte Wort Meister Eckeharts: „Das Auge, mit dem ich Gott anschaue, ist das Auge, mit dem mich Gott anschaut.“ Das findet seine Vollendung in der *visio beatifica* des Himmels. Es beginnt aber mit unserer dankbaren Sinnlichkeit hier auf Erden.

„Geh aus, mein Herz,
und suche Freud …"

Die Dankbarkeit der fünf Sinne

Der kürzeste Weg von unseren Sinnen zum Sinn führt wohl über die Dankbarkeit. Unsere Sinne führen uns hinaus in die Vielfältigkeit, weiter und weiter. Es ist ein wundervolles Abenteuer. Aber wir können uns in der Vielfalt verlieren, wenn wir nicht jene heilige Einfalt finden, die uns tiefer und tiefer führt und alles zusammenhält. Dazu verhilft uns dic Dankbarkeit. Die Einfalt der Dankbarkeit ist ganz und gar nicht einfältig, im Sinne von Beschränktheit. Sie ist mit Arglosigkeit verwandt, mit Ehrfurcht und mit Weisheit. Weil sie arglos ist, geht sie heil durch den Dornwald argwöhnischen Misstrauens. Arglos erkennt die Dankbarkeit jeden Augenblick mit allem, was er enthält, als Geschenk. In Ehrfurcht anerkennt sie in (und zugleich jenseits von) allen Gaben den Geber. Preisend bekennt sie, dass alles Gnade ist. Ergriffen von dieser Einsicht, führt die Dankbarkeit zu jener Weisheit, von der der Heilige Bernhard sagt: „Begriffe machen wissend; Ergriffenheit macht weise."

In Dankbarkeit können wir vom Erkennen der Gabe zum Anerkennen des Gebers und von da zum preisenden Bekennen der Gnade fortschreiten und so durch unsere Sinne Sinn finden. Im Folgenden wollen wir versuchen, dies am Sehen, am Hören, am Riechen, Tasten und Schmecken aufzuzeigen.

„Der Herr ist mein Hirte; mir wird nichts mangeln", singt der Psalmist. „Er weidet mich auf einer grünen Aue." Mir kommt dabei das schöne Wort „Augenweide" in den Sinn. Grün tut den Augen wohl und auch den Herzen. Paul Gerhardt singt:

Geh aus, mein Herz, und suche Freud
In dieser lieben Sommerzeit
An deines Gottes Gaben;
Schau an der schönen Gärten Zier
Und siehe, wie sie mir und dir
Sich ausgeschmücket haben.

Die Bäume stehen voller Laub,
Das Erdreich decket seinen Staub
Mit einem grünen Kleide; …[8]

Geh aus! Schau an! Siehe! Ein Fest ist uns bereitet. Was freut einen Gastgeber mehr, als wenn die Gäste sich freuen? Wie können Gäste ihre Dankbarkeit schlichter zeigen als durch herzliche Freude? Kinder tun das ganz von selbst. Nur wir Erwachsene zieren uns. Das himmlische Hochzeitsmahl sieht sicher einer Kinderjause ähnlicher als einem Galaempfang.

Alles, was der arglose Blick rundum sieht, vom mikroskopisch Kleinen bis zum entferntesten Stern, ist ein Festsaal, in dem die Geschenke für uns bereitliegen. In einem seiner überschäumendsten Gedichte, „Poeta Creator", lässt Wer-

[8] P. Gerhardt, Geh aus mein Herz und suche Freud. Christliche Dichtung vom Barock bis zur Gegenwart. Hrsg.: J. P. Wallmann, Gütersloh 1981

ner Bergengruen uns so recht die Schöpferfreude des göttlichen Dichters fühlen, der die ganze Welt als Liebesfest erfunden hat. (Wir können hier leider nur Anfang und Ende zitieren und einige Strophen, die besonders zum Stichwort „Augenweide" passen.)

Dir zu gutem Jahrgeleit,
Liebste, tat ich viel
trieb ich vor Beginn der Zeit
großes Zauberspiel.

Heftete die Silberzier
an den Himmelsplan,
Waage, Sirius und Stier
und Aldebaran.

Schnitzte dir das Mondenhorn
blank aus Elfenbein,
ritzte ihm mit goldnem Dorn
meine Zeichen ein.

Hab im West den Himmelshang
rot und gold betupft,
Flocken für den Christnachtsgang
dir zurechtgezupft.

Setzte vor den Fensterschlitz
dir das Seegeviert,
das der weiße Möwenblitz
ruhelos umgiert.

Hab, so weit mein Auge sah,
grün den Grund beschickt,
Wiesen mit Campanula
und Salbei bestickt.

Kräuselte den lichten Schaum
auf dem roten Wein,
kleidete in zarten Flaum
dir den Pfirsich ein.

Alle Dinge fügte ich
an den rechten Platz
selbst den bernsteinfarbnen Strich
in das Aug der Katz.

Schuf ich alles dir zu Sinn,
alles dir zugut,
nimm die Welt willfährig hin
und mit hellem Mut.

Weil ja Liebe sie entwarf
bis zum ärmsten Keim,
nichts ist, was dich schrecken darf,
und du bist daheim.[9]

Wir sind daheim in dieser Welt, und das Kind in uns weiß es. Als Kinder zweifelten wir nicht einen Augenblick daran, dass Liebe diese Welt entwarf. Darum blickten unsere Au-

[9] Werner Bergengruen

gen noch „mit hellem Mut". Wir hatten eben noch den Mut, die Welt arglos dankbar als das zu erkennen, was sie ist, als Gabe. Was verdüstert uns dann heute so oft hellen Mut und hellen Blick? Angst. Wir haben Angst, uns auf die Güte des großen Gastgebers zu verlassen; Angst, uns ehrfürchtig vor dem Geber zu neigen. Wir haben Angst vor der Ehrfurcht. Und warum? Weil die Ehrfurcht Gott jene Mitte zugesteht, die wir uns so gerne selber anmaßen. Gerhard Teerstegen hat mit wenigen Worten zielsicher auf das Entscheidende an der Ehrfurcht hingewiesen: Nicht wir sind in der Mitte, sondern Gott.

> Gott ist gegenwärtig; lasset uns anbeten
> Und in Ehrfurcht vor ihn treten!
> Gott ist in der Mitten; …[10]

Wir müssen wählen zwischen Ehrfurcht und Angst. Wer nicht den Mut zur Ehrfurcht hat, der fällt unweigerlich existentieller Angst zum Opfer. Nur die Ehrfürchtigen sind daheim in dieser Welt und wissen es.

Ehrfurcht ist eine eigenartige Furcht, eine Furcht, zu der man Mut braucht, den Mut, der auch der Demut eigen ist; „Dien-Mut", Mut zu dienen; Mut sich zu verschenken. Nur, was wir verschenken, wird so wirklich unser eigen. Aber unsere größte Angst ist es, uns selbst zu verlieren. Daher ist auch der Mut, der diese Angst überwindet, Groß-Mut. So groß ist der Mut der Ehrfurcht, dass er jede andere

[10] Gerhard Tersteegen

Furcht austreibt. Die Ehrfurcht findet sich im Sichverschenken. Und weil sie sich so gefunden hat, weiß sie, dass nichts uns schrecken darf; weiß, dass wir daheim sind, hier und dort und überall. Darum singt die Ehrfrucht:

> … Mein Herze soll sich fort und fort
> An diesem und an allem Ort
> Zu deinem Lobe neigen.[11]

In diesen Zeilen gipfelt das Lied „Geh aus, mein Herz". Wer mit dem freudigen Erkennen von Gottes Gaben beginnt, der endet mit dem ehrfürchtigen Bekennen von Gottes Güte. Und dieses dankbare Singen ist unwiderlegbar sinnvoll. Es hat einen Sinn, den nichts in der Welt in Frage zu stellen vermag. Wer nur einmal in einer Bachkantate mitgesungen hat, weiß das. Angst pfeift im Finstern, aber Ehrfurcht singt. Nach diesem Singen sehnt sich unser Herz. So Hölderlin:

> O dass ich lieber wäre, wie Kinder sind!
> Dass ich, wie Nachtigallen, ein sorglos Lied
> Von meiner Wonne sänge![12]

So sein, „wie Kinder sind", bedeutet hier nichts Niedliches, nichts Kindisches. „Sorglos" ist hier das entscheidende Wort. Wenn wir uns daheim wissen in dieser Welt, dann

[11] P. Gerhardt, a.a.O.

[12] F. Hölderlin, aus: Brot und Wein; in: Vom hoffenden Leben; J. Friedrich, Wien 1948

dürfen wir sorglos singen. Für die meisten von uns ist das keine naive, sondern eine neugeschenkte, neuerworbene Sorglosigkeit. Neu geschenkt, weil alles Gnade ist; neu erworben, weil das Maß unserer sorglosen Liebe das liebende Sorgen ist, mit dem wir uns unbekümmert um die Welt kümmern, in der wir daheim sind. Solche Sorglosigkeit ist Zeichen der Reife.

So reift unser Schauen: von einem Frühling, in dem wir arglos die Gabe als Gabe erkennen, zu einem Sommer, in dem wir den Geber ehrfürchtig anerkennen, und endlich zu einem Herbst, in dem wir die Gnade preisend bekennen. In dieser Ernte weiser Preisung findet alles erst seinen Sinn. Denn jede Gabe findet ihre Vollendung erst, wenn sie dankbar empfangen wird. Dann erst schließt sich sinnvoll der Kreis.

In Dankbarkeit ausgereiftes Schauen ist schöpferisch: Es gibt dem, was die Sinne empfangen, erst seinen Sinn. Das ist ja der letzte Sinn alles Sinnlichen: Sinnbild bräutlicher Begegnung zu sein.

> Nichts war noch vollendet, eh ich es erschaut,
> ein jedes Werden stand still.
> Meine Blicke sind reif, und wie eine Braut
> kommt jedem das Ding, das er will.[13]

[13] R. M. Rilke, Da neigt sich die Stunde; in: Stundenbuch; Werke Vol. I; Insel, Wiesbaden 1957, S. 252

Alle unsere Sinne können und sollen so bräutlich werden, indem sie die Jahreszeiten der Dankbarkeit durchlaufen. Auch dankbares Hören beginnt damit, dass wir das Gehörte als Gabe erkennen. Wenn Abendwind in den Linden rauscht, fällt uns das nicht schwer. Oder wenn uns so etwas geschenkt wird wie das Erlebnis, das ich in Hongkong hatte. Da wohnte ich im Zentrum von Kowloon, einem Stadtteil von unvorstellbarer Bevölkerungsdichte. Zeitlich am ersten Morgen trat ich ans Fenster. Da umgab mich statt des erwarteten Straßenlärms der Jubel von zehntausend Singvögeln. Ganze Familien mögen in einem winzigen Raum der Wohnbauten zusammengedrängt hausen, irgendwo im zwanzigsten Stockwerk, doch vor dem Fenster hängen die Käfige der geliebten kleinen Sänger. Was aber, wenn der Großstadtlärm uns wirklich umtost? Können wir das auch noch als Geschenk erleben?

Mir persönlich hilft es, wenn ich unangenehmen Geräuschen so lange wie möglich keinen Namen gebe. Solange ich nur einfach hinhorche, ohne das Gehörte etwa Bremsenkreischen oder Sirenengeheul zu nennen, habe ich es nur mit einem reinen Sinneseindruck zu tun, der, ohne Interpretation, ganz für sich allein genommen, immerhin – ich will nicht sagen angenehm, aber – bemerkenswert ist. Das heißt, der ist meiner Aufmerksamkeit wert. Darin liegt aber schon eine Wertschätzung. Und diese lässt sich unbegrenzt weiterentwickeln.

Manchmal lässt sich ein unliebsames Geräusch sogar uminterpretieren. In einem Kloster, das ich besuchte, trieb das

Kreischen der Kreissäge beim Nachbarn eine der Schwestern buchstäblich die Wände hoch. „Wie kann denn so ein Geräusch Gabe Gottes sein?" Mein Vorschlag war: nur hinhorchen; nicht benennen. Und in diesem Fall wirkte es. „Ich hab's versucht", berichtete die Schwester nach ein paar Tagen, „und was ich da hörte, klang wie die Stimme eines Erzengels!" Zwar verstehe ich mich nicht auf die Unterscheidung von Engelstimmen, aber ich glaube, mir würde schon die Stimme eines ganz gewöhnlichen Engels genügen. Und, wenn wir's bedenken, ist nicht alles, was wir hören, Stimme des einen oder anderen Engels? Alles, was wir hören, ist ja letztlich göttliche Botschaft. Und Engel sind Boten Gottes. Für arglose Ohren ist jeder Laut Geschenk. Und für Herzen, die hören können, ist jedes Geschenk Botschaft.

Vom Prasseln des Feuers im offenen Kamin, vom Sommerregen vor der offenen Türe, vom Wind in den Laubkronen sagen wir „das spricht mich an". Recht verstanden, spricht aber jedes Geräusch zu uns, wenn wir uns nur ansprechen lassen. Jeder Laut ist Botschaft von Unaussprechlichem. Weil er Botschaft ist, sollen wir hinhorchen lernen. Weil hier aber Unaussprechliches laut wird, sollen wir uns nicht mühen, die Botschaft in Worte zu übersetzen. Was uns letztlich anspricht, ist das Wort jenseits aller Worte, das Wort, das so unerschöpflich ist, dass es immer neuen Ausdruck finden will – wie die Liebe. Die Botschaft in jedem uns geschenkten Laut ist Liebesbotschaft; einmalig, unübersetzbar, ganz persönlich.

Aber auch Stille bringt uns Botschaft. Hat uns nicht schon oft Stille angesprochen? Manchmal kommt es mir vor, dass der Augenblick der Stille nach dem Verstummen der Orgel alle Musik noch überträfe; jenes unvergleichliche Einatmen, nachdem das allerletzte Nachhallen im Domgewölbe ausgeatmet hat. Und diese Stille spricht uns nicht nur an, diese Stille horcht. Auf dem Höhepunkt, wenn wir ganz Ohr sind, horcht plötzliche Stille auf unsere Stille. Nur einen Augenblick lang können wir dieser Begegnung standhalten. Dann beginnt das Scharren von Schuhen in den Kirchenbänken.

Wo Menschen noch hellhörig sind für die Botschaft der Laute, da sind sie auch hellhörig für Stille. Tief im Inneren Australiens lernte ich die Schwestern von St. Joseph kennen, die selber horchende Herzen haben und so zu Hütern dieser Hellhörigkeit unter einem Rest von Ureinwohnern wurden. Der Stamm lebte noch ohne feste Behausungen im Umkreis von fünf großen Feuern, an denen die nackten Schläfer nachts Schutz vor der Wüstenkälte fanden. Nahe an diesen Lagerplatz hatte die Regierung ein Schulhaus hingestellt, in dem die Kinder hier aus den gleichen Lesebüchern lernen sollten, wie die Stadtkinder in Sydney oder Perth. Da übernahmen es diese verständigen Frauen, den Kulturschock abzufangen. Sie unterrichteten nicht im Schulhaus, sondern im Schatten einer Laube; und eigentlich nicht die Kinder, sondern die Mütter, die mit zur Schule kamen und das Gelernte dort gleich an ihre Kinder weitergaben. Wie still das alles vor sich ging; oft nur durch Bilder, durch Anschauen, durch Zeichnen. Und doch war diesen armen Menschen dabei immer noch zu viel Gerede. In der Pause, wenn Stadtkinder schreiend ins Freie stürmen, gingen diese Kinder schweigend hinaus. Ich kann sie noch vor mir sehen mit ihren großen braunen Augen, von langen Wimpern noch tiefer verdunkelt, wie sie aufatmeten in Stille nach so vielen Worten.

Sei es Wort oder Schweigen, worauf es ankommt, ist, dass wir uns ansprechen lassen von dem, was immer der Augenblick bringt. Und oft bringt er Unerwartetes. Nahe bei der Universitätsbibliothek in Berkeley ist ein Kanalgitter, unter dem es Tag und Nacht geheimnisvoll braust. Wie viele der Studenten da stehen bleiben und ehrfürchtig lauschen, weiß ich nicht. Für mich aber ist das, sooft ich vorbeigehe, ein geradezu heiliger Ort. Die ganze Musik der Welt ist in diesem Brausen. Wie es in einem altindischen Text heißt: „Die Urmusik ist das Rauschen von Wasser."

Ja, jeder gegenwärtige Augenblick ist Botschaft. Allzuleicht können wir diese Botschaft versäumen, wenn wir nicht aufpassen. Ist es jetzt wirklich Zeit, Musik einzuschalten? Möglich. Aber vielleicht ist der Regen, der so leise an die Fensterscheiben klopft, Musik genug, mehr als genug. Nicht nur unsere Augen, auch unsere Ohren sind oft so übersättigt. Sollen wir das noch verschlimmern? Mit Tonbandgerät und Kopfhörer beim Wasserfall zu sitzen, ist nicht nur grotesk, es ist auch undankbar. Wenn wir uns nur freimachen vom Zwang, alles selbst leiten und unter Kontrolle halten zu müssen, wenn wir uns endlich wieder, wie Kinder, überraschen lassen, dann ist unser Überraschtsein schon der

Anfang der Dankbarkeit. Unserem dankbaren Hinhorchen öffnet sich dann in der Tiefe jeden Lautes abgründige Stille und im Herzen der Stille die Botschaft der Liebe. In seinem Kommentar zum Hohenlied sagt es der Heilige Bernhard etwa so: „Der ruhige Gott beruhigt alles. Und wer sich in Gottes Ruhe hinablässt, ruht."

Jetzt wird es aber schon Zeit, unsere Erwägungen etwas aufzuheitern. Und wenn wir über das Riechen sprechen, dann wird das leicht. Woher kommt es eigentlich, dass unser Geruchsinn uns leicht zum Lachen reizt? Vielleicht hat es damit zu tun, dass im Bereich des Riechens Kindheitserinnerungen überall die Etikette der Erwachsenen durchbrechen. Gerüche zu erwähnen, gehört ja nicht zum guten Ton. Ich denke, dieses Lachen ist ein befreiendes Lachen. Das Kind in uns wird einen Augenblick lang frei und lacht; lacht uns vielleicht sogar aus.

Wir verdienen ja schon deshalb, ausgelacht zu werden, weil unsere Nasen so abgestumpft sind, unsere Sprache so verarmt. Umgeben von Salbei und Kamille und Kinderwindeln und Salzwind vom Meer; vom Fischmarkt am Mittag, von Nelken und neuem Sattelleder; vom Geruch alter Bücher und frischgebackenen Brotes; von Blumenläden und Auspuffgasen; von Wachs und Honig in der Imkerhütte, Leintüchern, die an der Sonne trocknen, Heringen im Fass, Heuschobern und Holzrauch in der Schneeluft; vertraut mit Kuhstall und zahnärztlichem Wartezimmer, mit Schweiß- und Sonnenölgeruch im Schwimmbad und mit dem Geruch der Kulissen, wenn der Vorhang aufgeht im

Theater; umgeben von so unerschöpflichem Reichtum der Gerüche, haben die meisten von uns nur zwei Antworten gelernt: „Ah, das riecht gut!" oder „Pfui, das stinkt!"

Schon Herr von Korf, Christian Morgensterns drolliger Held, war darüber ganz verzweifelt:

> Korfs Geruchsinn ist enorm.
> Doch der Nebenwelt gebrichts! –
> und ihr Wort: „Wir riechen nichts"
> bringt ihn oft aus aller Form.
> Und er schreibt wie Stendhal Beyle
> stumm in sein Notizbuch ein:
> Einst, nach überlanger Weile,
> werde ich verstanden sein.[14]

Aber Palmström, von Korfs Freund, auch von Morgenstern erfunden, rettet die Ehre der nichtsriechenden Nebenwelt einigermaßen.

> Palmström baut sich eine Geruchs-Orgel
> und spielt darauf v. Korfs Nieswurz-Sonate.
>
> Diese beginnt mit Alpenkräuter-Triolen
> und erfreut durch eine Akazien-Arie.

[14] Ch. Morgenstern, Korfs Geruchsinn; in: Palmström, DTV, München 1972, S. 31

Doch im Scherzo, plötzlich und unerwartet,
zwischen Tuberosen und Eukalyptus,

folgen die drei berühmten Nieswurz-Stellen,
welche der Sonate den Namen geben.

Palmström fällt bei diesen Ha-Cis-Synkopen
jedes Mal beinahe vom Sessel, während

Korf daheim, am sichern Schreibtisch sitzend,
Opus hinter Opus aufs Papier wirft …[15]

Und das Spiel geht weiter.

Angeregt durch Korfs Geruchs-Sonaten,
gründen Freunde einen „Aromaten".

Einen Raum, in welchem, kurz gesprochen,
nicht geschluckt wird, sondern nur gerochen.

Gegen Einwurf kleiner Münzen treten
aus der Wand balsamische Trompeten,

die den Gästen in geblähte Nasen,
was sie wünschen, leicht und lustig blasen.

[15] Ch. Morgenstern, Die Geruchsorgel; ebenda, S. 31

Und zugleich erscheint auf einem Schild
des Gerichtes wohlgetroffnes Bild.

Viele Hunderte, um nicht zu lügen,
speisen nun erst wirklich mit Vergnügen.[16]

Nach so viel Ulk überrascht es vielleicht, dass manche der berühmtesten Vergleiche mystischen Erlebens dem Bereich des Geruchsinns entnommen sind. Das Durchdringende am Geruch spielt da wohl eine wichtige Rolle. Wir können uns gegen Sehen, Schmecken und Hören wehren, indem wir Augen und Mund schließen und uns die Ohren zuhalten. Aber wie lange können wir uns die Nase zuhalten? Sehr bald müssen wir ja doch nach Luft schnappen. Das wird zum Bild dafür, dass niemand sich der alles durchdringenden göttlichen Gegenwart für immer verschließen kann.

So haben Mystiker es immer wieder verstanden, wenn die Braut im Hohenlied dem Bräutigam zuruft: „Es riechen deine Salben köstlich; dein Name ist eine ausgeschüttete Salbe, darum lieben dich die Jungfrauen“ (Hohelied 1, 3). Und der Bräutigam preist die Braut mit ähnlichen Worten: „Wie schön ist deine Liebe, meine Schwester, liebe Braut! Deine Liebe ist lieblicher denn Wein, und der Geruch deiner Salben übertrifft alle Würze … deiner Kleider Geruch ist wie der Geruch des Libanon“ (Hohelied 4, 10). Wir finden hier im Bereich eines anderen Sinnes, was wir oben

[16] Ch. Morgenstern, Der Aromat, a.a.O., S. 32

schon sagten: Begegnung mit Schönheit verwandelt. Und auch hier ist es bräutliche Begegnung.

Am berühmtesten ist wohl der mystische Vergleich der Braut mit einem Garten. Wenn auch die mittelalterliche Malerei nicht müde wurde, verschlossenen Garten und versiegelten Born bildlich darzustellen, in der Dichtung des Hohenliedes liegt die Betonung auf den Düften.

Meine Schwester, liebe Braut, du
bist ein verschlossener Garten, eine verschlossene Quelle, ein versiegelter Born.

Deine Gewächse sind wie ein Lustgarten von Granatäpfeln mit edlen Früchten, Zyperblumen mit Narden,

Narde und Safran, Kalmus und Zimt, mit allerlei Bäumen des Weihrauchs, Myrrhen und Aloe mit allen besten Würzen.

Ein Gartenbrunnen bist du, ein Born lebendiger Wasser, die vom Libanon fließen.

Stehe auf, Nordwind, und komm Südwind, und wehe durch meinen Garten, dass seine Würzen triefen!
(Hld 1, 3)

Der Vergleich mit durchdringendem Duft wird im Neuen Testament bewusst wieder aufgenommen, wenn es in der Johannespassion heißt: „Das Haus aber ward voll vom Geruch der Salbe“, mit der Maria von Bethanien den Leib Jesu im Voraus für sein Begräbnis vorbereitet (Joh 12, 3). Eine Vielzahl dichterischer und mystischer Themen klingen hier an, besonders aber das Motiv der göttlichen Weisheit, die von sich sagt:

„Wohlgeruch wie von Zimt und Akazien
hauche ich aus,
den Duft von feinster Myrrhe,
von Balsam, Stakte und Galban,
wie Weihrauch im Heiligtume.“ (Sir 24, 19f.)

Für Paulus, wie für Johannes, ist Jesus Christus Gottes Weisheit in Menschengestalt und hat „sich selbst dargegeben für uns als Gabe und Opfer, Gott zu einem süßen Geruch“ (Eph 5, 2). Wir selber aber, sagt Paulus, „sind Gott ein guter Geruch Christi“. Denn Gott „offenbart den Geruch seiner Erkenntnis durch uns an allen Orten“. Darum sind wir denen, die Christi Frohbotschaft nicht ausstehen können, ein tödlicher Gestank; denen aber, die sich daran freuen, ein lebenspendender Wohlgeruch (2. Kor 2, 14–16). Wer sich so sinnlich ausdrückt, hat offenbar nicht in Entfremdung von seinen Sinnen so tiefen Sinn gefunden.

Auch hier geht der Weg von argloser Sinnenfreudigkeit, für die jeder Geruch Geschenk ist, über die ehrfürchtige Begegnung mit dem Geber, den die Gabe versinnbildet, zur bräutlichen Vereinigung, wenn der Salbtiegel in Scherben liegt und der Duft das ganze Haus erfüllt, die ganze Welt, „wo immer die Frohbotschaft gepredigt wird“.

Es ist unmöglich, Sinnliches und Übersinnliches säuberlich auseinander zu halten. Wir finden das eine im anderen. Das Hohelied ist zugleich erotische Dichtung und mystisches Bekenntnis, Zeugnis vergeistigter Sinnlichkeit und sinnlicher Geistigkeit. Nur glühend dankbare Lebensfreude kann diese Verschmelzung zustande bringen.

Eine hervorragende Metapher für die sinnliche Erfahrung dessen, was in seiner Sinnfülle unsere Sinne unendlich übersteigt, ist der brennende Dornbusch. Das wüstentrockene Dorngestrüpp steht in Flammen, trägt die Flammen und erträgt sie; es hat inmitten der Flammen Bestand. „Wie kommt es", fragt sich Moses, „dass dieser Busch brennt und doch nicht verbrennt?" Mit diesem „großen Gesicht" beginnt die Offenbarung eines unerschöpflichen Geheimnisses: Gottes Gegenwart in der Welt – „non commixtionem passus, negne divisionem", wie die Antiphon der Weihnachtszeit staunend singt. „Unvermischt und doch untrennbar", wird das Göttliche uns zugänglich im Sinnlichen.

Was hier mit „zugänglich" gemeint ist, darf nicht missverstanden werden. Es ist nicht so, als ob wir von weit her zum Ort der göttlichen Gegenwart hinpilgern müssten. Von alters her geheiligte Orte wollen Pilger nur daran erinnern, dass auch jeder andere Ort heilig ist. Schon mit dem ersten Schritt einer Pilgerfahrt betreten wir heiligen Boden. Darum ruft die Stimme aus dem brennenden Busch Moses zu: „Tritt nicht herzu!" Komm nicht näher! Eine rabbinische Auslegung sieht darin eine Zurückweisung unserer Neigung, Gott an diesen oder jenen Ort zu binden. „Der Ort, darauf du stehst, ist ein heilig Land". Wo immer es auch sei, du stehst auf geheiligtem Ort. Werde dir dessen bewusst! „Zieh deine Schuhe aus von deinen Füßen!"

Der Schuh aus toter Tierhaut bedeutet für diese Auslegung: Gewöhnung, Abstumpfung. Nichts sonst kann uns von Gottes Gegenwart trennen. Im Exil sein, verbannt vom heiligen Land, heißt vergessen zu haben, dass wir auf heiligem Boden stehen. Auch „an den Flüssen Babylons", oder wo auch sonst, stehen wir auf heiligem Boden, solange uns nicht Abstumpfung davon trennt. Der Name unseres Exils ist nicht Babylon oder Ägypten, sondern Gewöhnung. Das Bild vom Barfußgehen, stellt uns aber schon mitten in den Bereich des Tastsinnes.

„Mein Fuß spricht mit den Steinen, die er betritt", sagt Rilkes Blinde („Die Blinde", Buch der Bilder II:2), und das sollten auch unsere Füße tun. Sobald wir die Gewöhnung abgelegt haben, mehr noch als die Schuhe, dann ist schon die Möglichkeit gegeben für diese Zwiesprache. Rasen spricht anders mit unseren Füßen als sonnenwarme Felsplatten am Fluss; ein Holzboden wieder anders. Kork, Kiesel, Kokosläufer, feuchter Sand am Meer, oder das Herbstlaub, durch das wir als Kinder so gerne wirbelnd wateten; diese und so viele andere Sprachen sind unseren Fußsohlen bereits geläufig.

Leinen, Leder, Luffa, wie verschieden sie unsere Schultern berühren. Strohhut und Wollmütze, Tropenhelm und Schleier. Kühles, Bauschiges, das den Wind einfängt, oder enganliegendes Warmes und Weiches um Hüften und Beine. Wie so verschiedentlich uns all das anspricht, wenn wir nur darauf achten. Wie unsere Haut an jeder Stelle des Körpers anders darauf antwortet. Welche Freude argloser Dankbarkeit man daran erleben kann.

Und dann erst die Hände. Für mich ist nicht nur das Streicheln der Katze („Gypsie“ heißt sie, „Zigeunerin“), für mich ist auch das Abstauben der paar Möbel in der Einsiedelei ein liebkosendes Berühren; oder das Stutzen der Sträucher im Garten; oder das Aufkehren. „So geht man nicht mit dem Staub um“, erklärte Soen Nakagawa Roshi jungen Mönchen, die das Saubermachen praktisch, schnell und gründlich erledigt haben wollten. „So geht das nicht. Wenn ihr den Besen in der Hand habt, soll die Hand zum Staub sagen: „Verzeih, aber du bist zur Zeit am falschen Platz. Erlaube, dass wir dir weiterhelfen, wo du hingehörst.“ Hände haben höfliche und unhöfliche Redeweisen. Sie lassen sich erziehen.

Hände reden. Sie können aber auch horchen. Das hat mich Sen Soshitsu gelehrt, der Groß-Teemeister Japans, dessen Urahne Sen Rikyu, im 16. Jahrhundert der Teezeremonie ihre klassische Form gab. In einer vornehmen Privatwohnung in New York wurde das Ehepaar Sen an jenem Abend mit einem Empfang geehrt. Man wollte den Gästen aus dem Osten das Beste westlicher Kultur darbieten. Ein berühmter Cembalist sollte auf einem Instrument spielen, das eigens für diese Gelegenheit ausgeliehen worden war. Da stand es in seiner schlichten Schönheit, glänzend im Licht der vielen Kerzen, aber versperrt. Der Schlüssel zum Deckel der Tastatur war einfach unauffindbar. Verwirrung, Geflüster, peinliche Stille. Mit heiterer Gelassenheit geht Sen Soshitsu auf das Cembalo zu, lässt seine Hand bewundernd über das seidige Holz gleiten. Völlig gesammelt scheint er dankbar zu sagen: „Ist das nicht schon mehr als genug?" Dann lächelt er, und alle atmen auf. Alle nur mögliche Musik war aus dem Instrument durch seine horchende Hand in dieses Lächeln gestiegen und darin Wirklichkeit geworden.

Berührung ist immer gegenseitig. Wir können sehen, ohne gesehen zu werden und so mit allen Sinnen. Aber niemand kann berühren, ohne berührt zu werden. Daher kommt die Ehrfurcht, die echter, wacher, dankbarer Berührung eignet. Rilke sieht diese Ehrfurcht in der Art, wie die Figuren im Bildwerk griechischer Grabsäulen einander berühren.

> „Erstaunte euch nicht auf attischen Stelen die Vorsicht menschlicher Geste? War nicht Liebe und Abschied so leicht auf die Schultern gelegt, als wär es aus anderem Stoffe gemacht als bei uns? Gedenkt auch der Hände, wie sie drucklos beruhen, obwohl in den Torsen die Kraft steht. Diese Beherrschten wussten damit: so weit sind wirs, dieses ist unser, uns *so* zu Berühren; stärker stemmen die Götter uns an. Doch dies ist Sache der Götter."[17]

Wer ehrfürchtig an-greift, wird zugleich ergriffen vom göttlichen Gegenüber, mit jener bräutlichen Ergriffenheit, die weise macht.

Wie Ergriffenheit ursprünglich auf den Tastsinn zurückweist, so Weisheit auf den Geschmackssinn. Hier ist das allerdings nicht so offensichtlich. Im Lateinischen ist es deut-

[17] R. M. Rilke, Duineser Elegien, II; Wk. Vol. I; Insel, Wiesbaden 1987, S. 6917

licher. Da ist „sapientia", die Weisheit, jene Tugend, die wir durch „sapere" erwarben, durch ein verfeinertes, überhöhtes Schmecken. Sehen können wir in große Entfernung, in unvorstellbar große Entfernung, wenn wir z. B. nachts unter dem Sternenhimmel stehen. Auch hören können wir noch weit. Riechen schon kaum mehr. Betasten setzt nächste Nähe voraus, bleibt aber doch immer oberflächlich, äußerlich. Von allen unseren Sinnen ist der Geschmackssinn der innerlichste. So erschmeckt Weisheit den innersten Sinn einer Sache. Wie aber sollen wir je dieses Ziel erlangen, wenn wir nicht damit beginnen, unseren Geschmack auf der sinnlichen Ebene zu entwickeln? „Schmecket und sehet, wie freundlich der Herr ist!" ruft der Psalmist uns zu (Ps 34, 9). Werden wir aber Übersinnliches zu schätzen wissen, wenn wir für Sinnliches undankbar sind?

„Mund auf! Augen zu!" spielten wir gern als Kinder. Solange wir dem Geschmeckten noch keinen Namen geben, wird es zum unmittelbaren Erlebnis: „Wo sonst Worte waren, fließen Funde." Rilke fordert uns heraus in seinem Sonett: „Wagt zu sagen, was ihr Apfel nennt." Wir meinen etwas schon zu kennen, nur weil wir ihm einen Namen gegeben haben. Wenn wir uns aber dem Schmecken einmal wirklich hingeben, dann wird uns „langsam namenlos im Munde".

> Voller Apfel, Birne und Banane,
> Stachelbeere … Alles dieses spricht
> Tod und Leben in den Mund … Ich ahne …
> Lest es einem Kind vom Angesicht,

wenn es sie erschmeckt. Dies kommt von weit.
Wird euch langsam namenlos im Munde?
Wo sonst Worte waren, fließen Funde,
aus dem Fruchtfleisch überrascht befreit.

Wagt zu sagen, was ihr Apfel nennt.
Diese Süße, die sich erst verdichtet,
um, im Schmecken leise aufgerichtet,

klar zu werden, wach und transparent,
doppeldeutig, sonnig, erdig, hiesig –:
O Erfahrung, Fühlung, Freude –, riesig!

„Lest es einem Kind vom Angesicht." Dem Kind in uns selbst. Was wir an jedem unserer Sinne verfolgen konnten, wird am Geschmackssinn vielleicht besonders deutlich: die Entfaltung der Dankbarkeit von kindlich arglosem Erkennen der Gabe, für ehrfürchtiges Anerkennen des Gebers, zum Bekennen der Gnade in Weisheit. Die göttliche Weisheit hat ein Festmahl bereitet. Das ganze Erdenrund, auf seinen sieben Säulen ruhend, wird zur Festhalle. Alles, was unsere Sinne erfreuen kann, ist uns aufgetischt. Alle Welt ist willkommen.

Die Weisheit baute ihr Haus und
hieb sieben Säulen,
schlachtete ihr Vieh, und trug ihren
Wein auf, und bereitete ihren Tisch,
und sandte ihre Dirnen aus, zu
rufen oben auf den Höhen der Stadt,

„Wer unverständig ist, der mache sich
hierher!" und zum Narren sprach sie:
„Kommet, zehret von meinem Brot,
und trinkt den Wein, den ich schenke."

Nur eines scheint unerklärlich. Warum sollte irgend jemand sich ein solches Fest entgehen lassen? Warum nur? Wir haben Angst. Das ist die Erklärung. Mit tiefem Verständnis stellt Werner Bergengruen das am Bild der ängstlichen Meise im Winter dar:

Könnte ich dir sagen, kleine Meise,
wie ich dir so wohl gesonnen bin!
Lockend vor dem Fenster liegt die Speise,
doch du Ängstliche wagst dich nicht hin.
Und wie oft du hurtig angeflogen,
zitternd zwischen Bängnis und Begehr,
jedes Mal hats dich zurückgebogen
und gezwungen doch zur Wiederkehr.
Immer wohl im winzigen Flügelleibe
wird das Herz dir vor Erschrecken kalt,
siehst du durch die unbegriffne Scheibe
düster meine riesige Gestalt.
Jetzt! Im Fluge griffest du die Beute,
birgst sie flink in Zweigicht und Genist.
Wüsstest du, dass *ich* die Nahrung streute,
ohne Feindschaft, ohne Hinterlist.
Dass du Gerngeschenktes fortgetragen,
fürchtig wie gestohlenen Gewinn –

kleine Meise, könnte ich dir sagen,
wie ich dir so wohl gesonnen bin!
  Ach, es bangte dir vor keinem Zorne,
  kämest wie der fromme Hund zum Herrn,
  selig schmaustest du von fettem Korne
  und der Sonnenblume süßem Kern.
Ließest dich auf meiner Schulter nieder,
und die Krume nähmst du mir vom Mund,
kehrtest traulich alle Morgen wieder,
und wir schlössen einen langen Bund.
  Ihr in Wipfeln und in grauen Nestern
  Ruhelose zwischen Flucht und Schmaus,
  kleine Meisen, meine scheuen Schwestern,
  wie getreu sprecht ihr mich selber aus!
Allenthalben ist mein Tisch gerichtet,
weißes Brot und schwarzer Wein im Krug,
Süß und Bitter ward mir zugeschichtet,
und der große Wirt ist ohne Trug.
  Ach, es bangte mir vor keinem Grimme
  und mich drückte keine Kümmernis,
  ach, verstünde ich nur seine Stimme
  Stille Ladung: Nimm getrost und iss.[18]

Was unser Herz ahnt, ist, wie viel uns dieses Abenteuer kostet: nämlich alles. Nur was uns alles kostet, schenkt uns zugleich alles. „Wolle die Wandlung!“ So spornt uns der Dichter an. Und:

[18] W. Bergengruen, Die Meise; in: Die heile Welt, Arche Verlag, Zürich 1952

singender steige preisender steige
zurück in den reinen Bezug.
Hier, unter Schwindenden, sei, im Reiche der Neige, sei
ein klingendes Glas, das sich im Klang schon zerschlug.[19]

„Wolle die Wandlung. O sei für die Flamme begeistert", wie Goethes Nachtfalter, der in der Kerzenflamme sein „Stirb und Werde" findet. Aber wir haben Angst.

Viel kindlicher erzählt Pater Georg W. Kosicki von demselben „Stirb und Werde". Es war einmal ein Löwenzahnpflänzchen in einer Wiese. Das sagte zu den Nährstoffen im Boden:

„Wollt ihr vielleicht Löwenzahn werden? Ihr braucht euch nur in einem Tröpfchen Wasser lösen und von meinen Wurzeln aufsaugen lassen. Es geht ganz einfach und schmerzlos. Dann aber könnt ihr auf einmal wachsen, blühen, als gefiederte Samenfallschirmchen tausendfach im Wind fliegen …" Na ja. Die Salze und Minerale im Erdreich ließen sich also lösen und aufsaugen und so wurden sie Löwenzahn.

Da kam ein Hase vorbei. Der sagte zum Löwenzahn: „Möchtest du nicht Hase werden? Du musst dich zwar abknabbern und schlucken lassen, dann aber, – bedenk's nur! – kannst du von Ort zu Ort hoppeln. Du kannst mit den Löffeln wackeln und mit den anderen Hasen im Mondlicht am Waldrand tanzen." „Naja", sagte der Löwenzahn nicht gerade begeistert. Aber das Tanzen war so verlockend für

[19] R. M. Rilke, Sonette an Orpheus, II:2 (Sextett), Insel, S. 752

seine verwurzelte Existenz, dass er sich das Abgeknabbertwerden eben gefallen ließ.

Und so wurde der Löwenzahn Hase.

Da kam ein Jäger vorbei. Der sagte zum Hasen: „Guten Morgen“ (es war nämlich ein höflicher Jäger), „möchtest du nicht ein Mensch werden? Leicht ist es nicht. Du musst dich totschießen lassen, abhäuten, braten und essen. Aber stell dir nur vor, was du als Mensch alles tun kannst: Fußball spielen, Geschichten erdichten, zum Mond fliegen!“ Die Aussicht aufs Fliegen hatte es dem Hasen angetan. Mit einer Träne im linken Auge sagte er ganz leise: „Naja.“ Dann musste er all das Schreckliche erleiden. Aber, einmal aufgegessen, wurde der Hase Mensch.

Da kam Gott vorbei und sagte zum Menschen: „Möchtest du nicht …?“

Möchten wir? „Der Mensch prüfe sich selbst, und also esse er von diesem Brot und trinke von diesem Kelch“ (1. Kor 2, 28). Die Verwandlung, auf die wir uns hier einlassen, kostet uns alles.

Alle Themen, die wir oben angeschlagen haben, sind hier, im eucharistischen Mahl, ineinander verwoben. „Eucharistia“ heißt ja Dankfeier. Das Sakrament ist Sinnbild, dessen Sinn Gott selbst verbürgt, Sinnbild der Liebe, die ins ganze christliche Leben ausstrahlt und es verwandelt. Gottes ewige Weisheit hat dieses Festmahl aufgetischt, und gläubige Einfalt isst und trinkt in Ehrfurcht, erkennend, anerkennend und bekennend. Hier ist Ergreifen und Ergriffenwerden: „Nehmet, esset!“ Hier können wir im Sinnlichen letzten Sinn finden durch Dankbarkeit.

Sinnlichkeit und christliche Askese

Es wandelt, was wir schauen,
Tag sinkt ins Abendrot,
die Lust hat eignes Grauen,
und alles hat den Tod.[20]

Schon lange bevor es uns wirklich bewusst wird, dass allem, was unsere Sinne erfahren, Tod beigemischt ist, so wie bei Pfirsichen die Bitterkeit des Kerns das Fruchtfleisch durchzieht, rührt uns der Wandel der Dinge ganz eigen an. „Es wandelt, was wir schauen“, und nicht nur, was wir *schauen.* Alles, was unsere Sinne an dieser Welt wahrnehmen, „wandelt“. Seltsam lässt Eichendorff dieses Wort zwischen Bedeutungen schweben. Wandelt, was wir schauen, *sich,* oder wandelt es *uns?* Beides schwingt mit. Handel und Wandel der Welt ist Weiterbewegung – voran oder im Kreis herum –, aber auch Veränderung. Was aber so wandelt und sich dabei verwandelt, das wandelt auch uns, die es schauen, indem es in unser Leben eingreift.

Aus dieser dreifachen Bedeutung des Wandelns als ändernder Eingriff, als Fortbewegung und als Veränderung, ergeben sich für uns drei Fragen, die alle drei mit Sinnlichkeit und Askese zu tun haben. Weil die sinnlich wahrnehmbare Welt in unser Leben verwandelnd eingreift, können wir fragen. Lässt sich diese Wandlung steuern? Lässt sich die Kraft der Sinnlichkeit bändigen und der Sinnfindung

[20] J. v. Eichendorff, Umkehrende

dienstbar machen? Das ist die Frage nach der *Möglichkeit* sinnenfreudiger Askese. Weil Sinnlichkeit keinen Stillstand kennt, ihre Fortbewegung aber früher oder später als Absinken erlebt wird, müssen wir fragen: Wie können Askese und Sinnlichkeit gleichlaufen, wenn die eine Aufstieg zum Ziel hat, die andere aber unvermeidlich absinkt? Auf welche Weise kann eine Askese, die unsere Sinnlichkeit bejaht, sich zur Höhe aufschwingen, obwohl Tag ins Abendrot sinkt? Das ist also unsere zweite Frage. Sie zielt auf die *Form* sinnenfreudiger Askese ab. Unsere dritte Frage betrifft die grundlegende *Daseinsberechtigung* einer solchen Askese. Wenn die Veränderung alles Sinnlichen unaufhaltsam zum Tod führt, ist dann sinnenfreudige Askese nicht Zeitverschwendung? Sollten wir nicht lieber unser Herz auf Bleibendes setzen, um, losgelöst von Sinnlichkeit, Sinn zu finden, der Bestand hat? Wir wollen hier versuchen, mit horchendem Herzen auf diese drei Fragen nach Möglichkeit Wesensform und Seinsberechtigung sinnenfreudiger Askese Antwort zu finden.

Was ist eigentlich Askese? Erst später auf religiöses Streben übertragen, ist der Begriff der Askese ursprünglich der Athletensprache entnommen. So wie Sportler durch planmäßige Übung (askesis) Fortschritte machen, so ist Askese die planmäßige Förderung geistlichen Fortschrittes durch Übung. Wenn es wahr ist, dass geistlicher Fortschritt in einer Erhöhung und Vertiefung menschlicher Lebendigkeit besteht, dann beantwortet sich unsere erste Frage von selbst: Ist eine Askese möglich, die unsere Sinnlichkeit bejaht? Alles bisher Gesagte spricht dafür. Wie könnte es auch anders sein. Sinnenfreude ist ja erhöhte Lebendigkeit. Und um Lebendigkeit geht es gerade im Christlichen. Jesus fasst bei Johannes (Joh 10, 10) das Ziel seiner Sendung so zusammen: „Ich bin gekommen, auf dass sie Leben haben und es in Fülle haben."

Unser Weg von kindlicher Sinnlichkeit zur Sinnfindung führt aufwärts zu gesteigerter Lebendigkeit. Die Schritte der Dankbarkeit vom arglosen Erkennen der Gabe zum preisenden Bekennen der Gnade sind Schritte vom Rand zur Mitte des Lebens. Um die Möglichkeit sinnenfreudiger Askese aufzuzeigen, müssen wir also dem von uns schon Erarbeiteten nur wenig hinzufügen. Bisher haben wir über die innere Dynamik sinnenfreudigen Lebens gesprochen. Was aufzuzeigen bleibt, ist, dass wir es dabei mit etwas zu tun haben, was planmäßig geübt, gepflegt und gefördert werden kann. Darin besteht dann die asketische Seite sinnstrebigen Lebens.

Das Schlüsselwort ist hier Dankbarkeit. Niemand wird bestreiten, dass Dankbarkeit methodisch gepflegt werden kann. Wie sie unsere Sinnlichkeit vertieft und überhöht, haben wir schon gezeigt. Darüber hinaus aber kann uns eine Askese, die auf Dankbarkeit methodisch abzielt, für das christliche Leben in seiner ganzen Fülle aufschließen. Dankbarkeit beginnt im Bereich der Sinne, mit jener staunenden Freude, die sich am Sinnlichen ganz von selbst entzündet. Wer das bezweifelt, braucht nur ein Fußbad zu nehmen. Da wird Dankbarkeit ganz spontan lebendig. Wenn Herz und Mund es nicht tun, so fangen wenigstens die Zehen an, auf ihre Art dankbar zu singen.

Tag und Nacht wird uns mit jedem Augenblick Unzähliges geschenkt. Wir brauchen nur darauf zu achten, und Dankbarkeit wird uns beinahe überwältigen. Aber achten wir darauf? Das ist die Frage. Und an diesem Punkt setzt Askese als planmäßige Übung ein. Seit Jahren schreibe ich zum Beispiel täglich in meinen Taschenkalender zumindest *eine* Sache, für die dankbar zu sein mir vorher noch nie in den Sinn kam. Meint vielleicht jemand, es sei schwer, jeden Tag einen neuen Grund zur Dankbarkeit zu finden? Es ist nicht schwer. Oft kommen mir vier oder fünf Gründe in den Sinn. Ich kann mir gar nicht vorstellen, wie alt ich werden müsste, um den Vorrat merklich zu vermindern.

Was wir bemerken, wenn unsere Aufmerksamkeit wächst, ist, dass uns in tausend Formen immer das Gleiche geschenkt wird, nämlich Gelegenheit. Gelegenheit ist das Geschenk, für das alle anderen Geschenke nur Verpackung sind. Und hier ist das Erstaunliche: In 99 von 100 Fällen wird uns schlicht und einfach Gelegenheit geschenkt, uns zu freuen. Es fragt sich nur: Nehmen wir diese Gelegenheit überhaupt wahr? Meistens wohl nicht. Ein Grund dafür ist dieser: An schwierigen Tagen stehen unsere Schwierigkeiten so im Vordergrund, dass wir alles andere übersehen. Der tiefere Grund ist aber, dass wir einfach nicht gewohnt sind, auf die uns geschenkten Gelegenheiten zu achten; auch an unseren fröhlichen Tagen nehmen wir alles ganz undankbar als selbstverständlich hin.

Dankbare Aufmerksamkeit lässt sich aber üben und erlernen. Wir können, wie soeben erwähnt, am Abend auf den vergangenen Tag zurückschauen und für etwas noch nie vorher Beachtetes zum ersten Mal dankbar sein. Wir können aber auch vorausplanen. Heute wird, sagen wir, dankbar auf Gerüche geachtet; morgen auf Farben und Formen; übermorgen auf Geräusche. In einem „Kurs“, der jeden sechsten Tag wieder von vorn beginnt, können wir so durch dankbare Sinnlichkeit unsere freudige Lebendigkeit planmäßig fördern. Alles hängt davon ab, dass wir uns immer wieder erinnern.

Ich kenne zwei alte Schwestern, die ihre eigene Methode haben: Jedes Mal, wenn die Pendeluhr schlägt, sagt eine von den beiden: „Denk an Gottes Gegenwart!“, und die andere antwortet: „Und sei allzeit dankbar!“ Das mag manchen ein bisschen verschroben anmuten. Man braucht es aber nur selbst zu versuchen, um zu entdecken, was sich da ereignet: Kronos verwandelt sich in Kairos, Uhrzeit in einmalige Gelegenheit, ein unpersönlicher Zeitpunkt in tief persönliche Begegnung mit dem Geber aller Gaben.

Da war ich einmal zur Amtsantrittszeremonie eines buddhistischen Abtes eingeladen; eine ganz feierliche Angelegenheit. Inmitten der rituellen Umständlichkeiten, die dem achtsilbigen Wort „Amtsantrittszeremonie“ alle Ehre machten, mitten unter Weihrauchwolken, Chrysanthemen und Goldbrokat, plötzlich ganz prosaisch das Piepsen eines Digitalweckers. Man getraut sich kaum aufzuschauen und bedauert nur den Unglücklichen, dessen Armbanduhr sich so schlecht benommen hat. Da unterbricht der neue Abt die ganze Feierlichkeit: „Das war meine Uhr“, verkündet er, „und es war kein Zufall. Ich habe nämlich ein Gelübde abgelegt, um zwölf Uhr mittags jede Tätigkeit zu unterbrechen, was immer es auch sei, und einige Augenblicke lang Gedanken des Friedens zu denken. Die Welt, in der wir leben, verlangt so etwas von uns. Wollen wir das also bitte, ganz kurz, gemeinsam tun?“

Wenn wir nur einmal anfangen, wach zu sein für die Gelegenheit, die ein gegebener Augenblick uns bietet, dann ist es nur ein kleiner Schritt von sinnenfroher Aufgewecktheit zur wachen Antwort ernster Verantwortlichkeit. Meistens, ja fast immer, ist die Gelegenheit, die uns geboten wird, Gelegenheit zu sinnlicher Freude. In dem Maß, in dem wir lernen, diese Gelegenheiten dankbar freudig zu ergreifen, werden wir auch ganz da sein, wenn ein gegebener Augenblick Schwieriges von uns verlangt – etwa für unsere Überzeugung einzutreten. So erstaunlich es erscheinen mag: Sinnenfreudige Askese führt auf geradem Weg zu sozialem Verantwortungsbewusstsein. Was beide gemeinsam haben, ist bewusstes Wachsein für die gebotene Gelegenheit.

So gesehen, zeigen sich traditionelle Elemente christlicher Askese von einer neuen Seite. Wenn der Heilige Bernhard zum Beispiel von der Nützlichkeit des Fastens spricht, erwähnt er an erster Stelle, dass Hunger uns lehrt, den Geschmack der Speisen erst so recht zu würdigen. Auch die „lectio divina“ der Benediktinermönche gehört hierher. Es handelt sich dabei ja keineswegs nur um „geistliche Lesung“ im engen Sinn, sondern um ein waches „Lesen“ der Botschaft, die jeder Augenblick bringt. Nur so ist die zentrale

Stellung von „lectio“ in der benediktinischen Askese zu verstehen. Einmal liest der Mönch mit gesammelter Aufmerksamkeit die Worte der Heiligen Schrift, ein andermal mit derselben Konzentration die Zeichen der Maserung im Holz, mit dem er arbeitet, oder die Zeichen der Zeit in der er lebt. Ein und dieselbe innere Haltung kennzeichnen das „Lesen“ in all diesen Bereichen. Wer die Zeichen der Zeit nicht lesen kann oder die Schrift der Eisblumen an den Fensterscheiben, der liest vielleicht die Buchstaben in der Bibel, bleibt aber doch geistlicher Analphabet.

Um Botschaft und Antwort dreht sich alles in der christlichen Askese, um Gelegenheit und Bereitschaft, um Horchen und Gehorchen. Das ist ja auch die Bedeutung der Angelusglocken, die für christliche Gemeinden traditionell denselben Zweck erfüllen, wie der Armbanduhrwecker für unseren buddhistischen Abt. (Hier haben wir freilich auch ein gutes Beispiel dafür, dass der Sinn einer Sache weit über ihren bloßen Zweck hinausgeht. Sind Kirchenglocken Signal oder Musik?) – Abendglocken, Morgen- und Mittagsläuten erinnern uns an die Botschaft des Engels und die Antwort der Jungfrau. Sie erinnern uns vor allem daran, dass hier und jetzt Engelsbotschaft an uns ergeht, die von unserem Herzen jungfräuliche – noch nie dagewesene – Antwort verlangt. Wenn *das* Ereignis wird, dann hat sinnenfreudige Askese ihr Ziel erreicht, und wir finden Sinn.

Damit haben wir die Frage nach der Möglichkeit sinnenfreudiger Askese eindeutig bejaht. Wenn Askese in der methodischen Förderung geistlichen Fortschritts durch Übung besteht, und geistlicher Fortschritt an der wachen Bereitschaft gemessen werden kann, mit der wir auf die Gelegenheit antworten, die der Augenblick uns bietet, dann ist Dankbarkeit die hervorragende Methode, uns darin zu üben. Somit haben wir alle Bestandteile besprochen, die echte Askese ermöglichen. Dankbarkeit aber beginnt von selbst im Bereich des Sinnlichen, kann zielstrebig, geübt werden und führt uns Schritt für Schritt zu immer tieferer Einsicht in den Sinn des Lebens.

Um überhaupt die Möglichkeit sinnenfreudiger Askese aufzuweisen, mussten wir zeigen, dass die Lebendigkeit, auf welche die christliche Askese abzielt, methodisch geübt werden kann, nämlich durch Dankbarkeit. Wenn wir nun nach der „Form" dieser Askese fragen, so haben wir die Antwort eigentlich schon vorweggenommen. Die Form ist Dankbarkeit – insofern zumindest, als wir mit Form die Methode meinen. Wo es aber um die Wesensform geht, da können wir, statt Dankbarkeit, auch Gehorsam sagen. Der Begriff des Gehorsams wird heute oft missverstanden. Es ist daher gut, uns daran zu erinnern, dass Gehorsam, recht verstanden, Dankbarkeit ist, nur in einem anderen Licht. Im Lichte Gottes als Geber aller Gaben ist die rechte Antwort unseres Herzens Dankbarkeit; im Lichte der Einsicht, dass Gott uns anspricht, ist unsere Antwort Gehorsam.

Gehorsam im vollen Sinne besteht ja nicht darin, dass wir tun, was uns aufgetragen wird. Das ist lediglich Gehorsam als Methode. Worauf die Methode abzielt, ist Gehorsam als Tugend, als Tauglichkeit derer, die dem Leben gewachsen sind. In diesem Sinne ist Gehorsam die Mündigkeit derer, die gelernt haben, auf den Anruf jeden Augenblickes Antwort zu geben in Wort und Tat. Der Anruf, den wir hören, kann ein Ja sein oder ein Nein. Wer für das Nein keine Ohren hat, der täuscht sich gewiss auch im Ja. Wer für das Ja hellhörig ist, wird auch zuzeiten das Nein hören und willig gehorchen.

In seinem Zukunftsroman „Perelandra" beschreibt C. S. Lewis die Abenteuer seines Helden Ransom auf einem von Menschen vorher noch nicht betretenen Planeten. Einmal kommt Ransom in ein Wäldchen, in dem ganz paradiesische Früchte von den Zweigen hängen. Aus der Beschreibung wird klar, mit welcher Offenheit, Wachheit, ja geradezu Andacht Ransom sich mit allen Sinnen dem Essen einer solchen Frucht hingibt. Dann leckt er sich die Lippen und sieht sich – typisch menschlich – gleich nach einer zweiten Frucht um. Da aber kommt ihm plötzlich vor, als ob diese zweite ihn anspräche. Nicht mit Worten, aber mit unmissverständlicher Deutlichkeit sagt sie zu ihm: „Eine genügt!"

Weil wir an der Askese so oft das Negative in den Vordergrund stellen, hat diese kleine Episode uns viel zu sagen. Das Positive kommt nämlich hier – wie es sich in der Askese gehört – an erster Stelle. Hätte Ransom das Ja nicht mit hellhörigem Herzen durch alle Sinne aufgenommen, dann hätte er wohl auch das Nein nicht so klar und eindeutig gehört. Wir aber verstehen Askese oft gar nicht in erster Linie als Übung im liebend gehorsamen Hinhorchen, sondern gleich als Entsagung; nicht als sinnlich offene Hingebung, sondern als Enthaltsamkeit; als Abtötung sogar, anstatt als lebensbejahende Dankbarkeit. Das führt unvermeidlich zu Verzerrungen. Nur aus freudiger Hingebung kann gesunde, lebensfrohe Enthaltsamkeit entspringen.

Wesensform christlicher Askese ist der Gehorsam schon deshalb, weil jede asketische Übung, die nicht dem wachen Hinhorchen entspringt, sondern der Willkür, wertlos ist oder sogar schädlich. Gehorsam ist ein Horchen auf den inneren Rhythmus des Lebens. Gehorsam hört, wofür es in diesem Augenblick Zeit ist, und tut das dann. Daher ist Gehorsam der Prüfstein unserer Sinnlichkeit, und Sinnlichkeit das Richtmaß unseres Gehorsams. Echte Sinnlichkeit ist gehorsam; echter Gehorsam ist sinnenfreudig – und frei. Als Gehorsame sind wir sinnenhaft, nicht den Sinnen verhaftet; frei, weil wir auch Entsagungen willig auf uns nehmen, wenn der Augenblick es verlangt. Dem Anspruch des Augenblicks öffnen wir uns aber zuerst und zumeist dadurch, dass wir mit allen Sinnen freudig gehorsam hinhorchen.

Sinnlichkeit ist Anfang und Ansporn christlicher Askese; beides ist untrennbar. Und doch müssen wir unterscheiden: Gehorsam, nicht Sinnlichkeit, ist Wesenskern christlicher Askese. Ihrem Wesen nach ist Askese Aufstieg. Die Sinne aber welken; Sinnlichkeit sinkt ab. Man braucht gar nicht schrecklich alt zu werden, um das am eigenen Leib zu erleben. Was dann? Dann zeigt sich, dass Gehorsam auch dafür noch ein gutes Ohr hat, auch in diesem Absinken und Welken noch eine Botschaft hört. Das Absinken der Sinne stellt eine Herausforderung dar, welcher der Gehorsam sich stellt, ja, an welcher er sich zu höherem Sinn aufschwingt. Weil Gehorsam ihr die innere Spannkraft gibt, kann christliche Askese bis zuletzt sinnlich bleiben und noch im Verglimmen und Verlöschen der Sinne Sinn finden.

Was haben Augen einst ins umrußte
lange Verglühn der Kamine geschaut:
Blicke des Lebens, für immer verlorene.

Ach, der Erde, wer kennt die Verluste?
Nur, wer mit dennoch preisendem Laut
sänge das Herz, das ins Ganze geborne.[21]

Die Möglichkeit sinnenfreudiger Askese haben wir bestätigt; ihre Wesensform haben wir im dankbaren Gehorsam gefunden; ihre Seinsberechtigung steht aber noch in Frage. Wohin wir uns auch wenden im Bereich der Sinnlichkeit, „alles hat den Tod“. Askese strebt aber nach Leben, nach Fülle der Lebendigkeit.

Weh spricht: Vergeh!
Doch alle Lust will Ewigkeit –,
will tiefe, tiefe Ewigkeit![22]

[21] R. M. Rilke, Sonette an Orpheus, II:2 (Sextett), Insel, Wiesbaden 1957, S. 752

[22] F. W. Nietzsche, Das trunkene Lied (letzte Zeile)

Unser horchendes Herz stimmt dieser Einsicht Nietzsches zu. Alles in uns sehnt sich nach Sinn. Sinn reicht aber gerade dadurch über das Sinnliche hinaus, dass Sinn Bestand hat, während alles Sinnliche sich wandelt und vergeht. Sinn ist bleibend. Wie kann Askese, die ja nach Bleibendem strebt, dem Sinnlichen zugewandt sein? Muss nicht unser asketisches Bemühen gerade in der Abkehr vom Sinnlichen bestehen? Viele hielten dafür im Lauf der Jahrtausende, und viele halten noch heute dafür.

Dagegen lässt sich folgendes einwenden: unser Innenleben wird durch die Sinne gespeist. Wo also Abwendung vom Sinnlichen streng, gründlich und erfolgreich durchgeführt wird, da muss gerade der Erfolg zu innerer Verkümmerung führen. Zum Glück sind Asketen, die sich darum bemühen, nicht immer konsequent und noch seltener erfolgreich. Trotzdem haben allzu viele auf diesem irrigen Kurs Schiffbruch erlitten. Ungezügelte Sinnlichkeit ist freilich lebensfeindlich. Aber Zügelung ist nicht Abtötung. Ein zügelloses Gespann von Pferden wird in Zaum genommen, nicht abgeschlachtet. Sonst steht der Wagen für immer still.

Schon aus den frühen Tagen des christlichen Mönchtums ist über richtiges Verständnis von Askese ein weises Wort überliefert: Einer der Wüstenväter wird von einem jungen Mönch beim Fußbad überrascht – ein unerhörter Luxus im hintersten Winkel der Wüste. Auf die hochgezogenen Augenbrauen antwortet der Alte einfach: „Wir wurden angewiesen, unseren Leib zu meistern, nicht zu morden.“ – Wenn weniger weise Asketen das Meistern des Sinnlichen bis zum Foltern des eigenen Leibes übertreiben, so sollen wir nicht ihre Übertreibungen nachahmen, wohl aber ihren Eifer.

Immer wieder müssen wir uns daran erinnern, dass es das Ziel menschlichen Strebens ist, Sinn zu finden. Das ist also letztlich auch das Ziel aller Askese. Und da muss zugegeben werden, dass Sinnlichkeit nicht automatisch Sinn produziert. Wo wir es mit Lebendigem zu tun haben, ist nichts automatisch. Im Leben ist Wachstum organisch mit Sterben verbunden. Leben heißt, mit jedem Wimpernschlag für Altes sterben und für Neues geboren werden. Jeder Fortschritt im Leben ist ein Sterben in größere Lebendigkeit hinein. Wer dazu den Mut nicht hat, kann weder leben noch sterben. Lebensmut ist die Tapferkeit, die wir für jenes Immer-wieder-Sterben brauchen, das zum wachen Lebendigsein untrennbar dazugehört. Auch im Bereich der Sinnlichkeit müssen wir immer wieder sterben, um so Sinn zu finden.

Das ist ja die Bedeutung des „memento mori“, das wir als Mahnwort etwa an Sonnenuhren alter Klöster lesen. Wenn es uns auch dem Wortlaut nach auffordert, daran zu denken, dass wir sterben müssen – und nicht später irgendwann, sondern hier und jetzt –, so ist diese Mahnung gerade deshalb Aufruf, bewusster zu leben. Darum lautet die Aufschrift auch manchmal „memento vivere“, ohne dass die Bedeutung sich ändert. Wie zur Landschaft des Lebens allzeit und überall der Tod als Horizont gehört, so gehört zur Landschaft unserer Sinnlichkeit der Sinn.

Sinn ist der Horizont des Sinnlichen. Den Horizont finden wir immer nur *in* und zugleich *jenseits* der Landschaft. Wir müssen Sinn und Sinnlichkeit unterscheiden, können die beiden aber nicht voneinander trennen. Wer sich völlig vom Sinnlichen abwendet, wird früher oder später auch allen Sinn aus den Augen verlieren; ebenso aber auch, wenn er den Blick nicht immer wieder über das Sinnliche erhebt. Blinde Sinnlichkeit und sinnenfeindliche Askese enden in derselben Sackgasse von Sinnlosigkeit. Beide entspringen menschlicher Willkür. Wo wir aber willig mitspielen mit jenem Wandel, dem alles Sinnliche unterliegt, da führt die innere Bewegung fließenden Lebens von selbst zur Aufhebung der Sinnlichkeit im Sinn.

Sinn hebt das Sinnliche auf; hebt es auf in allen drei Bedeutungen des Wortes. Aufheben heißt ungültig erklären, wie eine Haltestelle, die schon lange niemand mehr benutzt. Aufheben heißt erhöhen und überhöhen. Aufheben heißt aber auch aufbewahren und bergen. So wird aller Wandel im Bleibenden ungültig erklärt, überhöht und doch für immer vor dem Verlorengehen bewahrt. Wie dies im Einzelnen auf unsere wandelbare Sinnlichkeit und auf bleibenden Sinn anzuwenden ist, das müssen wir hier noch abschließend erwägen.

An den Anfang unserer Erwägungen über Sinnlichkeit und christliche Askese stellten wir Eichendorffs Wort „Es wandelt, was wir schauen". Weil alle Askese auf Bleibendes gerichtet ist, wir aber nur allzu gut um den Wandel wissen, der allem Sinnlichen eignet, ist das Wesensmerkmal sinnenfreudiger Askese ein freudig gehorsames Loslassen. Jeden Augenblick des Lebens gilt es, sich daran zu freuen und – loszulassen. Wir aber haben Angst. Wir wollen uns im Bleiben verschließen. Das aber widerspricht dem großen Weltplan. Die Choreographie des kosmischen Tanzes verlangt von uns den Willen zur Wandlung. Das Planmäßige an der Askese entspringt ja nicht der Willkür menschlichen Planens, sondern letztlich dem Bauplan des Kosmos, der sich wandelnd entfaltet.

> Wolle die Wandlung. O sei für die Flamme begeistert,
> drin sich ein Ding dir entzieht, das mit Verwandlungen prunkt;
> jener entwerfende Geist, welcher das Irdische meistert,
> liebt in dem Schwung der Figur nichts wie den wendenden Punkt.[23]

Das Herz, das wirklich gehorsam hinhorcht auf den Rhythmus des großen Tanzes, steht immer am Wendepunkt, lässt leicht los, nimmt Abschied vorweg.

> Sei allem Abschied voran, als wäre er hinter
> dir, wie der Winter, der eben geht.
> Denn unter Wintern ist einer so endlos Winter,
> dass, überwinternd, dein Herz überhaupt übersteht.[24]

Wir können hier nur die erste Strophe anführen. Man sollte aber in diesem Zusammenhang das ganze Sonett sorgfältig

[23] R. M. Rilke, Sonette an Orpheus, II:12, Insel, Wiesbaden 1957, S. 758
[24] R. M. Rilke, ebenda, II:13, Insel, Wiesbaden 1957, S. 758

lesen. Worum es sich dreht – in doppeltem Sinn – ist „der wendende Punkt“.

Vergil stand an diesem Wendepunkt des Herzens. Er wusste, was Abschiednehmen heißt. Er konnte, Rachel Varnhagen sagt es so schön: „durch Tränen des Abschieds die Welt anschauen“. Durch diese Tränen hindurch glänzt jedes Lächeln „ewiger“; (Rilke wusste das). Wer so die Welt anschaut, sieht im Bleibenden Wandel und im Wandel das Bleibende. Dazu aber gehört jener zarte Humor der trotzdem lächelt, wenn er auch vielleicht nicht lacht.

„Am letzten Tag noch wird sie lachen“, heißt es von der weisen Frau in der Bibel, wohl deshalb, weil sie gelernt hatte, immer wieder loszulassen. Uns weniger Weisen hilft Gott ein bisschen nach. Darum entfaltet sich die letzte Strophe von Eichendorffs Gedicht aus seiner ersten Zeile, wie aus einem Samen:

> Es wandelt, was wir schauen …
> …
> Du bist’s, der, was wir bauen,
> mild über uns zerbricht,
> dass wir den Himmel schauen –
> darum so klag’ ich nicht.[25]

„Himmel“ steht hier für das immer Bleibende, so wie der Mond (der Wandel und Bleiben vereint) in Ryokans Haiku.

[25] J. V. Eichendorff, Umkehrende

Der Humor ist in beiden Gedichten gleich zart. Selbst die angedeutete Situation ist nicht unähnlich.

DER DIEB VERGASS IHN.
ER HÄNGT JA NOCH IM FENSTER
VOLL UND SCHöN, DER MOND.

Ein anderer fernöstlicher Dichter schreibt im Alter ein Gedicht über das Ausfallen der Zähne – auch das voll Humor. Aber selbst Galgenhumor kann unversehens zur Rühmung werden, Rühmung, die um so reiner klingt, weil sie sich des Rühmens selbst kaum bewusst ist. Christian Morgenstern beweist dies in seinen „Galgenliedern". Angesichts der Aufhebung unserer Sinnlichkeit ist Humor deshalb trotzdem noch möglich, „weil nichts vergänglich ist, als die Vergänglichkeit." – „Trunken von Beständigkeit", stößt Werner Bergengruen mit dieser Einsicht tief in den Sinn des Sinnlichen vor. Damit stehen wir aber schon völlig „im Raum der Rühmung", wie Rilke ihn nennt. Rühmend hebt der Dichter das Sinnliche auf, indem er es erhöht, überhöht, übertrifft.

RÜHMEN, das ist's! Ein zum Rühmen Bestellter,
ging er hervor wie das Erz aus des Steins
Schweigen. Sein Herz, o vergänglicher Kelter
eines den Menschen unendlichen Weins.

Nie versagt ihm die Stimme am Staube,
wenn ihn das göttliche Beispiel ergreift.
Alles wird Weinberg, alles wird Traube,
in seinem fühlenden Süden gereift.

Nicht in den Grüften der Könige Moder
straft ihn die Rühmung Lügen, oder
dass von den Göttern ein Schatten fällt.

Er ist einer der bleibenden Boten,
der noch weit in die Türen der Toten
Schalen mit rühmlichen Früchten hält.[26]

Das ist der Dichter, der das Sinnliche aufhebt und über den Wandel hinaushebt, indem er es zu Sinn verdichtet. Wir dürfen aber den Begriff Dichter nicht zu eng fassen. Es gibt den Dichter in jedem von uns. Wir alle sind dazu berufen, das, was wir durch unsere Sinne empfangen, im Herzen *aufzuheben.* Menschliche Berufung ist es, das Nur-Sinnliche ungültig zu machen, indem wir es rühmend über sich hinausheben, es aber zugleich in seiner ganzen vergänglichen Einmaligkeit im immer Bleibenden geborgen halten und verwahren.

Erinnerung ist es, die diese Aufgabe letztlich vollendet. Das Sinnliche, das im Humor gärt, klärt sich in der Dichtung und gewinnt seine volle Süße im Erinnern. Wir müssen dem Wort „Erinnerung" hier seine volle Bedeutung zurückgeben. Er-innerung ist Ver-innerlichung, Sinnernte unserer Sinnlichkeit – Einbringung, Verwandlung.

So gilt es, alles Hiesige nicht nur nicht schlecht zu machen und herabzusetzen, sondern gerade, um seiner Vorläufigkeit

[26] R. M. Rilke, Sonette an Orpheus, I:7, Insel, Wiesbaden 1957, S. 735

willen, die es mit uns teilt, sollen diese Erscheinungen und Dinge von uns in einem innigsten Verstande begriffen und verwandelt werden. Verwandelt? Ja, denn unsere Aufgabe ist es, diese vorläufige, hinfällige Erde uns so tief, so leidend und leidenschaftlich einzuprägen, dass ihr Wesen in uns „unsichtbar“ wieder aufersteht. Wir sind die Bienen des Unsichtbaren. Nous butinons éperdument le miel du visible, pour l'accumuler dans la grande ruche d'or de l'Invisible.[27]

Kennen wir nicht dieses selbstvergessene Blütensaftsaugen aus der tiefsten Erfahrung unseres eigenen Lebens? So verwandelt unser Herz das Sinnliche unseres wachsten Erlebens und birgt es in seiner großen, goldenen Honigwabe als Sinn. Darum wird beim Altwerden jedes Weihnachtsfest reicher, gewichtiger, schwerer und süßer, weil Freude und Traurigkeit aller vergangenen Weihnachtsfeste von frühester Kindheit an im Erleben mitschwingt; weil in der Erinnerung Altes und Neues einander bereichern. „Alles Vollendete fällt heim zum Uralten.“

Wandelt sich rasch auch die Welt
wie Wolkengestalten,
alles Vollendete fällt
heim zum Uralten.

[27] R. M. Rilke, Brief an W. v. Hulewicz, 13. Nov. 1925

Über dem Wandel und Gang,
weiter und freier,
währt noch dein Vor-Gesang,
Gott mit der Leier.

Nicht sind die Leiden erkannt,
nicht ist die Liebe gelernt,
und was im Tod uns entfernt,

ist nicht entschleiert.
Einzig das Lied überm Land
heiligt und feiert.[28]

In diesem „Lied überm Land“ liegt der bleibende Sinn, in den das horchende Herz allen Wandel führt. Unter Tränen lächelnd, willig dieses Lied singen, das heißt durch die Sinne Sinn finden.

[28] R. M. Rilke, Sonette an Orpheus, I:19, Insel, Wiesbaden 1957, S. 743

Spiegel des Herzens

Das *Haiku* als poetische Kunstform ist ein unerschöpfliches Thema. Es würde sich durchaus lohnen, in dieses Gebiet auf Entdeckungsreise zu gehen, tiefer in es einzudringen, in seinen Köstlichkeiten zu schwelgen. Ich möchte mich hier jedoch auf einen ganz bestimmten Aspekt des Haiku beschränken: auf seine Rolle als Spiegel. Wie ein Bergkristall, dessen Facetten seine Umgebung in vielfältiger Weise spiegeln und zusammenbringen, vereint und reflektiert das Haiku einige wichtige Aspekte unseres menschlichen Daseins und zeigt sie uns, wie im kurzen Aufleuchten eines Blitzes. Die Klarheit und Präzision dieser bemerkenswerten Dichtkunst wird noch dadurch erhöht, dass sie so völlig unsentimental ist – so wie ein Spiegel.

Das Haiku als Spiegel menschlichen Selbstverständnisses wird immer dann von Bedeutung sein, wenn sich dieses Selbstverständnis trübt und ins Wanken gerät. Aber in unserer Zeit ist es vielleicht ganz besonders nützlich. Einmal ist es eine östliche Form der Dichtkunst, welche den Westen genau zu dem Zeitpunkt erreicht, da es eine unserer großen Aufgaben ist, Brücken zwischen Ost und West zu schlagen.

Auch ist es eine Poesie der Bewusstheit. In keiner anderen Form der Dichtung spielt die Bewusstheit eine so zentrale Rolle wie im Haiku, und das in einer Zeit, in welcher wir sowohl innerlich als auch äußerlich neue Horizonte des Bewusstseins entdecken. In diesem Bewusstsein verliert das Haiku das Paradox von Raum und Zeit nie aus dem Auge. Auch dieser Umstand macht es für unser neues Selbstverständnis besonders nützlich. Menschen wie Einstein und T. S. Eliot haben uns, aus ganz verschiedenen Blickwinkeln, darauf hingewiesen, dass das Paradox von Raum und Zeit auch unserer neuen Konfrontation mit dem Paradox Mensch zugrunde liegt.

Das Haiku wird so zu einem facettenreichen Spiegel, in den wir schauen können, um ein tieferes Verständnis des menschlichen Paradoxes zu finden.

Hier haben wir auch einen Ansatzpunkt für den Aufbau dieses Essays. Wir müssen bei der Erfahrung – am besten der eigenen – anfangen und wollen daher zunächst einmal versuchen, ein persönliches Erlebnis aufzugreifen, eines jener Erlebnisse, in welchem das Paradoxe des Menschen gipfelt. Wir werden dieses Gipfelerlebnis in der Hoffnung auf einige wesentliche Hinweise für ein tieferes Verständnis davon näher untersuchen. T. S. Eliot wird uns bei diesem Unterfangen helfen, denn er setzt sich direkt und in einer dem westlichen Menschen vertrauten Art und Weise mit diesem Paradox, welches das Haiku indirekt widerspiegelt, auseinander. Unser nächster Schritt wird darin bestehen genauer zu untersuchen, wie sich die verschiedenen

Aspekte des menschlichen Paradoxes im Kristall des Haiku spiegeln.

Wir wollen das Haiku so weit wie möglich für sich selber sprechen lassen. Indem wir es lesen und uns ihm hingeben, werden wir uns bewusst, dass es einen Aspekt unseres Erlebens ganz besonders betont: den „ruhenden Punkt". Und dies wird uns – für manchen vielleicht unerwartet – einen Schlüssel zum Verständnis klösterlichen Lebens liefern. Die Verbindung zwischen Haiku und klösterlichem Leben mag überraschen, aber sie steht auf festem Boden. Das menschliche Paradox, im Gipfelerlebnis entdeckt und im Haiku kristallisiert, nimmt im klösterlichen Ideal auf beispielhafte Weise Gestalt an. Das neue Selbstverständnis des Menschen, um welches sich unsere Zeit bemüht, und zu welchem das Haiku einen Beitrag leisten kann, ist ohne die kontemplative Dimension, oder, konkreter ausgedrückt, ohne die Entdeckung des Mönchs in jedem von uns, unvollständig.

Aber vor uns liegt ein langer Weg, und wir müssen, wie gesagt, mit der Erfahrung beginnen, und zwar mit einer persönlichen Erfahrung, am besten mit einem Gipfelerlebnis. Der Ausdruck Gipfelerlebnis ist treffend und kann uns helfen. Wir erfahren ja unser Leben als eine Reihe relativ langer An- und Abstiege, die hier und da in kurzen Augenblicken einen Höherpunkt erreichen, eben einen Gipfel. Aber natürlich ist auch der Begriff Gipfelerlebnis nicht vor gedankenlosem Gebrauch sicher. Um ihn sinnvoll verwenden zu können, müssen wir ihn aus der Quelle eigener Erfahrung mit Inhalt füllen. Es geht hier um eine Entdeckungsfahrt der Innenwelt – Ihrer eigenen. Hörensagen kann eigene Erfahrungen nicht ersetzen.

Darf ich deshalb vorschlagen, dass Sie an dieser Stelle Ihren Blick einmal kurz vom Buch lösen. Wenn Sie jetzt die Augen schließen, gelingt es Ihnen vielleicht, einen jener größeren oder kleineren Gipfel aus Ihrer Vergangenheit in Erinnerung zu rufen und ihn erneut zu durchleben. Versuchen Sie, sich auf einen Augenblick zu konzentrieren, von dem Sie wahrhaftig sagen können, dass er Ihr Leben lebenswert gemacht hat, und zwar für Sie selbst, nicht für andere (das würde uns auf eine falsche Spur bringen). Von einem solchen Gipfel aus gesehen erschienen die langen Anstiege plötzlich sinnvoll, die Abstiege erträglich: das Leben erschien lebenswert.

Vielleicht war es tatsächlich ein Moment auf einem Berggipfel bei Sonnenuntergang oder in der frischen Klarheit eines Herbsttages. Vielleicht war es eine Stelle in einem Roman, ein Gedicht oder eine Melodie, die Sie zu einem inneren Gipfel emporhob, ohne dass jemand anders etwas davon bemerkt hätte. Vielleicht saßen Sie auf einem Geländer und ließen die Beine baumeln, nicht aus Langeweile, sondern, ganz im Gegenteil, völlig versunken. Versunken in was? In nichts; denn nichts passierte. Wenn aber das Nichts uns einmal wirklich zustößt – gipfelt da nicht unser Erleben, wie eine Welle in dem Augenblick, in dem sie bricht? Verwirrt Sie das Bild? Bitte nicht gleich aufgeben! Im Moment kommt es nur darauf an, dass Sie sich auf ein eigenes persönliches Gipfelerlebnis konzentrieren, an dem Sie meine Aussagen überprüfen können. Ich möchte hier einiges vorschlagen, das uns helfen könnte, die innere Dynamik jener Gipfelmomente besser zu verstehen. Sie müssen für sich selbst entscheiden, ob und wie weit meine Beobachtungen mit Ihrer eigenen Erfahrung übereinstimmen.

Über den Augenblick unseres Gipfelerlebnisses nachzudenken ist deshalb so schwierig, weil das Erlebnis selbst völlig unreflektiert abläuft. Ja, genau genommen ist das sein charakteristischster Aspekt. Das Gipfelerlebnis ist deshalb so befreiend, weil wir endlich einmal nicht fühlen, dass wir fühlen, und nicht wissen, dass wir wissen, sondern einfach nur fühlen und wissen, weiter nichts. Erst später können wir darüber nachdenken und so davon sprechen. Unsere Beschreibung könnte sich dann etwa so anhören: „Es hat mich einfach überwältigt!" oder „Ich war völlig weg". Auch wenn es nur für den Bruchteil einer Sekunde der Fall war: „Ich hatte mich ganz vergessen." Das war alles; aber doch nicht ganz, denn in der Rückschau wird mir auch bewusst, dass ich während des Gipfelerlebnisses mehr ich selbst war als jemals sonst. Und so finde ich mich mit dem merkwürdigen Widerspruch konfrontiert, dass ich am wahrhaftigsten ich selbst bin, wenn ich mich vergesse. Wenn ich mich verliere, finde ich mich selbst.

Diese paradoxe Spannung zwischen selbst und Selbst, zwischen Verlieren und Finden, entspricht einer weiteren Facette des Paradoxes. Sie können hier wieder selbst prüfen, ob auch dieser zweite Aspekt auf Ihr Erlebnis zutrifft. Ob

Sie das betreffende Erlebnis auf einem einsamen Berggipfel oder inmitten eines überfüllten Konzertsaales hatten, ist nebensächlich: In dem bewussten Augenblick waren Sie, in einem tieferen Sinn, allein. Nicht, dass Sie sich damals darüber Gedanken gemacht hätten, aber rückblickend stellen Sie fest, dass das Wort ALLEIN passt, selbst wenn Sie sich inmitten einer Menschenmenge befanden. In einem gewissen Sinn waren Sie „der oder die Einzige". Nicht nur in dem Sinne von auserwählt sein, sondern, und das ist noch wichtiger, im Sinne von wirklich dort sein, wo Sie sind, aus einem Stück: „all-eins".

Diese zweite Facette unseres Paradoxes weist auch auf Achtsamkeit hin. Genau dann, als Sie all-eins mit sich selbst waren, fühlten Sie sich innig ver-eint mit allem. Ihr tiefes Alleinsein fand seine Entsprechung in grenzenloser Verbundenheit. Tatsächlich handelt es sich um zwei Aspekte derselben Erfahrung. Und auch hier kommt es nicht darauf an, ob Sie äußerlich allein oder inmitten einer Menschenmenge waren. Selbst auf einer einsamen Insel, weit entfernt von anderen menschlichen Wesen, könnten Sie vom Bewusstsein tiefer Verbundenheit überwältigt worden sein. Auch beschränkt sich diese Zugehörigkeit nicht auf Menschen. An diesem Schmelzpunkt war Ihr innerstes Wesen mit allem vereint: mit dem Duft wilden Thymians auf der Wiese in der Dämmerung; dem plötzlichen Aufleuchten eines Winterblitzes, der Stimme des Wasserfalls oder einer Krähe. Sie waren allein, all-eins, eins mit allem.

In diesem Augenblick gab es nichts zu sagen. Erst hinterher drücken wir all dies mit Worten aus, mit recht schwerfälligen Worten übrigens, die dem Erlebnis niemals gerecht werden. Aber in einem gewissen Sinn waren Sie in jenem entscheidenden Augenblick selbst ein Wort, einfacher und unmittelbarer als es Worte sind, wenn sie erst einmal in Form von Sprache auftauchen. Dieses Wort wird bei der Übersetzung zwangsläufig etwas verlieren. Müssen wir jedoch eine Übersetzung versuchen, so könnte ein „Ah!" oder „Oh!" oder „Ja!" oder „Das ist es!" – ein Ausruf ehrfürchtiger Bejahung – dem wohl am nächsten kommen. Irgendwie hatten Sie rationale Überlegungen hinter sich gelassen, und plötzlich hatte alles einen Sinn. Das ist eine dritte Facette unseres paradoxen Gipfelerlebnisses. Keine Frage, keine Antworten, und doch scheint alles so, wie es ist, seine Richtigkeit zu haben. Ein ebenso einfaches wie tiefsinniges chinesisches Sprichwort bringt diese Erkenntnis zum Ausdruck: „Der schöne Schnee fällt niemals am falschen Ort." Und das ist eigentlich nur eine kunstvolle Art zu sagen: „Das ist es!"

Wenn ich „Das ist es!" ausrufe, so ist die Bedeutung von „es" schlechthin unbeschränkt. Es bedeutet Leben und Tod, das ganze Universum und alles, was über das Universum noch hinausgehen mag.

Es steht für den letzten Sinn. Und doch ist das, was ich entdeckt habe, keine Abstraktion, sondern dieses konkrete Ding direkt vor mir, etwas das sinnvoll, voll von Sinn ist. Und deshalb weiß ich nie, worauf bei meinem „Das ist es!“ die Betonung liegen soll: Ich schwanke zwischen „Das ist ES!“ und „DAS ist es!“ Eben haben wir noch das „ES“ hervorgehoben, den überwältigenden Sinn, den uns unser Erlebnis offenbart hat. Jetzt betonen wir das „DAS“, die Sache oder Situation in all ihrer Konkretheit. Und durch diese Verschiebung wird uns klar, dass der Sinn nicht irgendwo hinter diesem Ding steckt oder darüber, auch nicht außerhalb davon oder innerhalb. Die Sache oder Situation ist ein Wort oder Zeichen, das seine Bedeutung verkörpert.

Es ist einfach die Gestalt seines Sinns. Dieser Duft wilden Thymians, dieses Krächzen einer Krähe, sind eine Gestalt der letzten Wirklichkeit. Ich kann mich nicht entscheiden, worauf ich die Betonung legen soll. Aber eins ist sicher: „Das IST es!“

Ich hoffe, dass diese meine Aspekte des Gipfelerlebnisses Ihrer eigenen Erfahrung entsprechen. All dies ist jedoch nur ein Reden über das Erleben, und ich bitte um Verzeihung. Dichter reden nicht über Erfahrung – sie lassen sie zu Wort kommen. Das ist etwas ganz anderes. Damit sind wir beim Haiku angekommen.

Vieles muss hier als bekannt vorausgesetzt werden, und vieles kann vorausgesetzt werden, denn es gibt heute schon viele deutschsprachige Werke zum Thema Haiku-Dichtung. Aber durch unsere Überlegungen zum Gipfelerlebnis haben wir uns das Haiku gewissermaßen von innen her erschlossen. Wenn Ihnen klar geworden ist, dass Sie am wahrhaftigsten Sie selbst sind, wenn Sie sich selbst vergessen; dass, wenn Sie wirklich allein sind, Sie mit allem vereint sind; dass alles sinnvoll ist, sobald Sie über das rationale Denken hinausgehen – dann haben Sie in Ihrer eigenen Erfahrung das Paradox entdeckt, in welchem das Haiku wurzelt.

Die Meister des Haiku versuchen nicht etwa ein Gipfelerlebnis „einzufangen“ (worum sich vielleicht ein Dichter im Westen bemühen würde); statt sie einzufangen, versuchen sie, die Erfahrung *freizusetzen,* sie gerade nur so weit anzuregen, dass die Erfahrung des Lesers ihr wieder gegenwärtig wird. Ein Meister des Haiku macht den Leser zu seinem Mitdichter. „Wir haben das Erlebnis gehabt, doch erfassten den Sinn nicht.“ Im Spiegel des Haiku enthüllt „der halb erahnte Wink, die halb verstandene Gabe …“, die uns einmal geschenkt wurde, jetzt später ihren Sinn. Der Dichter bietet uns einen Spiegel an, aber ein Spiegel ohne Licht ist leer und dunkel. Das Licht, das im kristallenen Spiegel des Haiku aufleuchtet, muss das Licht unserer eigenen Erfahrung sein.

Und da sind wir auch schon wieder mitten im Paradox. Sagten wir nicht, dass Sie sich auf dem Höhepunkt Ihres Gipfelerlebnisses verloren hatten? Wo waren Sie, als Sie „völlig weg“ waren? Nirgendwo und überall. Wie kann Sie das Haiku an einen Ort zurückversetzen, der kein Ort ist? In eine Zeit, die außerhalb der Zeit liegt? Paradoxerweise tut es genau das, indem es Sie an einen ganz bestimmten Ort, in eine ganz bestimmte Zeit führt. Hierin liegt übrigens auch die Bedeutung des so genannten „Jahreszeit-Wortes“ des klassischen Haiku. Verschwommenheit ist mit dem

Haiku unvereinbar, weil sie zur plötzlichen Klarheit des Gipfelerlebnisses im Widerspruch steht. Und das Jahreszeit-Wort ist nicht etwa eine literarische Konvention, sondern zielt auf jene Implosion von Raum und Zeit ab, die paradoxerweise der höchsten Klarheit und Präzision des Hier und Jetzt entspricht. Setzt man in der englischen Sprache die beiden Wörter jetzt (now) und hier (here) zusammen, so bildet sich das Wort nirgends (nowhere). „Du kannst es auf die Dauer gar nicht ertragen“, aber wenn wir für ein kurzes Jetzt wirklich hier sind (wo immer das auch sein mag), dann sind wir nirgends, weil wir überall sind.

Wie kann uns also das Haiku helfen zu jenem „Punkt, wo sich Zeitloses schneidet mit Zeit“, zurückzufinden? Einfach, indem es Raum lässt. Nicht durch das Gesagte, sondern durch das, was ungesagt bleibt. Das folgende Haiku formt sich beispielsweise genau an dem Punkt, wo die Reflexion wieder einsetzt, und wo mir beim Wiedereintritt in die Sphäre meines kleinen Selbst bewusst wird, dass ich sie verlassen hatte.

WEG IST DER FALTER
JETZT KOMMT ER ZURÜCK ZU MIR
VON WEIT HER, MEIN SINN

Wer könnte den Augenblick fassen, in dem Sie sich verloren haben? Der Augenblick, den das reflektierende Denken erfasst, ist erst der Augenblick danach, der Augenblick der Rückkehr – von woher?

Ich kann nur sagen: *dort* waren wir, doch nicht wo.
Ich kann nicht sagen, wie lange, denn das stellte es in die Zeit.

Und was kommt zurück? Der Schmetterling? Mein wandernder Sinn? Wir werden im Ungewissen gelassen. Wer kann es letztlich wissen? Wer braucht es zu wissen?

All dies kann sich blitzschnell ereignen. In einem anderen Haiku deutet der Dichter aber das Verlieren des Selbst im Staunen an, das in einer Mondnacht vielleicht über Stunden hinweg anhält.

MOND IN DEN FÖHREN
ICH HÄNG IHN HIN, NEHM IHN WEG
NOCH UND NOCH SCHAU ICH

Wieder diese leise Ungewissheit, die hier von dem kleinen Wörtchen „noch" ausgeht. Schaue ich noch immer, nachdem ich den Mond an diesen oder jenen Ast „gehängt" habe? Oder – und das scheint mir die interessanteste Möglichkeit zu sein – schaue ich noch, nachdem ich den Mond ganz abgenommen habe, sehe ich nichts und schaue noch immer?

Um jedoch deutlich zu machen, dass der Mond und die Schmetterlinge und die Stimmung, die sie heraufbeschwören, für die Art von Erfahrung, um die es uns hier geht, nicht wesentlich sind, möchte ich Ihnen – immer noch im Zusammenhang mit dem „Sich-Verlieren" – ein anderes

Beispiel geben. Die Szene, die hier beschrieben wird, ist erfrischend lebendig: Feldarbeiter auf einem fernen Hügel, die rhythmisch ihre Hacken schwingen.

HOCH SCHWINGEN SIE AUF
UND ES GLITZERN DIE HACKEN
IN FRÜHLINGSFELDERN

Welch ein kräftiges Bild des Frühlings. Bruchteil einer Sekunde. Die Sonne spiegelt sich im blanken Metall. Das löst eine Explosion von Freude und Kraft aus. Unser kleines Selbst zerschellt. Wir sind plötzlich an jenem Punkt, wo „alles immer jetzt ist".

Eine kleine Akzentverschiebung genügt, und aus dem Punkt des Alleinseins in dynamischer Stille wird der Punkt völliger Einheit. Der Schmetterling brachte mich zu dieser Einheit. Ich hatte mich ganz in seinen Flug verloren. Mich (mein kleines Selbst) verlieren heißt aber All-Einheit finden, heißt, vom Zwiespalt geheilt sein. Im Folgenden kommt diese fast unmerkliche Akzentverschiebung zum Ausdruck:

FALTER AM FELDRAIN
WIE ER FELD AN FELD HEFTET
MIT ZICK-ZACK-STICHEN

In einem Augenblick höchster Lebensfreude bringt der Schmetterling mein Alleinsein wieder heim ins All-Eins-Sein. Beim Beobachten seiner Zick-Zack-Stiche verliere ich mich und erkenne das tiefe Paradox, auf welches das Wort

„allein – all – ein" hinweist. Wirklich allein zu sein, bedeutet durchaus nicht, einsam zu sein. Am Grunde meines Herzens, jenem geheimen Ort, an welchem ich am meisten ich selber bin, bin ich paradoxerweise auch mit allen anderen Menschen mit allen Lebewesen, mit allem, was existiert, vereint. Wirklich allein zu sein, bedeutet, von Zwiespalt geheilt zu sein, eins zu sein mit meinem wahren Selbst, und somit eins mit allem.

In diesem Sinn allein zu sein, bedeutet, den Punkt erreicht zu haben, den T. S. Eliot den „ruhenden Punkt der sich kreisenden Welt" nennt, den Ruhepunkt des großen Tanzes, den Gipfel „wo Vergangenes und Zukunft vereint sind".

Weder Fortgehen noch Hingehn,
Weder Steigen noch Fallen.
Wäre der Punkt nicht, der ruhende,
So wäre der Tanz nicht –
und es gibt nichts als den Tanz.

Schauen wir uns ein weiteres Haiku an:

FÜNF BLAUE FALTER
SOMMERFEST AM STRASSENRAND
IHR, STIEFEL, STEHT STILL

Auch hier ergibt sich der Sinn aus der Zweideutigkeit der letzten Zeile. Handelt es sich um einen Befehl? Mahnt der Dichter: „Schau doch hin! Hier ist er ja, der große Tanz. Alles, was es dazu braucht, ist dies: eine Handvoll der allergewöhnlichsten kleinen Falter, der winzigen blauen, die man nur selten auf Blumen sieht. Sie sind damit zufrieden, ihr Sommerfest in den Spurrillen staubiger Feldwege zu feiern. Hier ist er, der ruhende Punkt des großen Tanzes, ganz für Dich allein. Du musst nur stehen bleiben."? Oder handelt es sich hier wieder um einen vollendeten Augenblick des Sich-Verlierens und Sich-Findens? Vielleicht ist es die All-Einheit des einsamen Wanderers, dessen staubige Stiefel endlich „in dem ruhenden Punkt der kreisenden Welt" stillstehen – „und es gibt nichts als den Tanz".

DER SEE VERLIERT SICH
IM REGEN DER SICH WIEDER
TIEF IM SEE VERLIERT

SIE BLÜHEN UND DANN
SCHAUEN WIR UND DANN FALLEN
DIE BLÜTEN? UND DANN ...

Der Schmerz seligen Alleinseins und die Seligkeit des einenden Schmerzes verschmelzen auf dem Gipfel des Gipfelerlebnisses, im Ruhepunkt, im Haiku.

Augenblicke des Glückes ...
Wir haben das Erlebnis gehabt, doch erfassten den Sinn nicht,
Aber wenn man den Sinn erkundet, kehrt das Erlebnis wieder
In veränderter Form, jenseits von jedwelchem Sinn,
Den man dem Glück zuschreiben könnte.

Schmerz und Seligkeit sind miteinander versöhnt, alle Gegensätze sind versöhnt, und wir sind mit dem scheinbaren Widerspruch, dass die Gegensätze einander entsprechen, versöhnt. Der Zwiespalt ist nicht aus der Welt geschafft, sondern geheilt, im Alleinsein/All-Eins-Sein überwunden. Ohne Diskussion, ohne Überlegung, hat plötzlich alles Sinn. Wir können „JA“ sagen zum Paradox.

Dieses „JA“ ist nicht resignierend. Es ist ein triumphierendes Ja, ein uneingeschränktes Ja zur Wirklichkeit, zur letzten Wirklichkeit. Dieses Ja trägt die Neuheit einer Entdeckung in sich. Unsere Ohren öffnen sich, unsere Augen öffnen sich, und wir bestaunen das Vertraute, als ob wir es nie zuvor gesehen hätten.

AUS GRÜNEM WEIZEN
STEIGT JUBELND EINE LERCHE
UND GLEITET NIEDER

IM FRÜHLINGSREGEN
VOLLGESOFFEN AUF DEM DACH
DER STOFFBALL VOM KIND

Diese Frische der Betrachtung kann sich beim Anblick des Allergewöhnlichsten zu einem Crescendo der Überraschung steigern. So etwa im verrücktesten Haiku, das ich kenne: Hier wird der Dichter durch die verschwenderische Fülle der Kirschblüten zugleich so berauscht und ernüchtert, dass er selbst Pferde und Vögel wie zum ersten Mal in seinem Leben sieht.

MEHR KIRSCHBLÜTEN, MEHR
VÖGEL HABEN ZWEI BEINE
PFERDE ZWEI MAL ZWEI

Die Direktheit und Unmittelbarkeit, die hier so stark zum Ausdruck kommen, sind vielleicht die auffälligsten Eigenschaften, sowohl des Gipfelerlebnisses als auch des Haiku. Hier hat Abstraktion keinen Platz.

AUS SCHÜTZENDEM LAUB
HINAUS GEROLLT – MELONEN
GANZ STAUBIG UND HEISS

KÜRBIS LADUNGEN
RATTERN VORBEI – IM STAUB
EIN AUFGEPLATZER

Eine Melone, ein Kürbis – wir sehen sie, wir fühlen sie, unser ganzes Wesen sagt: „Ja, das ist es!“, und damit haben wir „ja“ zum ganzen Universum gesagt. Was ist wunderbarer: dass sich uns der Sinn des gesamten Universums in einem Kürbis darbietet oder dass uns ein Kürbis den Sinn des ganzen Universums vermitteln kann? Wir brauchen uns nicht zu entscheiden. Das Wunderbare liegt im Zusammentreffen beider Elemente: dass der letzte Sinn so konkret sein soll und dass dieses konkrete Ding hier solch tiefen Sinn hat.

Zwischen dem Aufleuchten des Blitzes, das wir sehen, und der Wirkung des von uns erfahrenen Sinns darf es nicht die kleinste Spalte oder Vertiefung geben, durch welche das reflektierende Denken eindringen könnte. Das würde die Unmittelbarkeit des Erlebnisses zerstören. Auf diesen Umstand weist auch Bashos berühmter Satz hin:

BEWUNDERUNGSWÜRDIG
WER, WENN DER BLITZ ZUCKT, NICHT
DENKT
KURZ IST DAS LEBEN

Nicht denken bedeutet hier, sich von dem Erlebnis in seiner Ganzheit ergreifen zu lassen. Nichts sonst kann dem Erlebnis gerecht werden; am allerwenigsten das moralisierende „kurz ist das Leben". Verstehen heißt hier unmittelbar einsehen: „Das IST es!"

Mit jenem tiefen Sinn, der uns im Gipfelerlebnis aufblitzt, hat jedes Haiku zu tun. Sinn kann nicht von dem Wort, das ihn ausdrückt, getrennt werden. Das sollte aus dem bisher Gesagten klar hervorgehen. Der Sinn ist nicht ein weiteres Wort hinter dem Wort.

Sinn ist Stille. Er erfüllt sich, indem er Gestalt annimmt; er nimmt Gestalt an, indem er zum Wort wird. Aber Sinn als solcher ist Stille. Und „Worte, nachdem sie gesprochen, reichen in das Schweigen hinein".

Das Haiku ist paradoxerweise ein Gedicht der Stille. Sein innerster Kern ist Stille. In der Weltliteratur gibt es wahrscheinlich keine kürzere Gedichtform als das klassische

Haiku mit seinen siebzehn Silben; und doch schrieben die alten Meister diese siebzehn Silben mit einer Geste des Um-Verzeihung-Bittens, als ob sie sagen wollten: „Es tut mir Leid, die Stille kurz zu unterbrechen." Die Worte dienen lediglich der Stille. Das Wesentliche ist die Stille. Das Haiku ist ein Gerüst aus Worten; gebaut wird ein Gedicht der Stille. Wenn es fertig ist, gibt der Dichter dem Gerüst gewissermaßen einen kleinen Schubs, und das Gerüst stürzt ein. Übrig bleibt die Stille.

DER ABENDREGEN
DAS BREITE BANANENBLATT
SPRICHT ZUERST DAVON

Beinahe können wir die ersten großen Regentropfen fallen hören, einen nach dem andern. Aber da ist der entscheidende Augenblick, der Augenblick, der in erwartungsvoller Spannung den Atem anhält, schon vorbei. Dies ist kein Gedicht über den Regen, sondern über die Stille vor dem Regen. Ein merkwürdiges Gedicht, das Haiku! Es konzentriert sich auf das Hier und Jetzt, welches nirgendwo ist. Es preist die All-Einheit des Alleinseins in der Seligkeit lächelnden Weltschmerzes. Es lädt uns im längst vertrauten Alltag auf Entdeckungsfahrt ein. Es steckt kleine Fähnchen auf: „Hier waren wir!" und verwischt zugleich seine Spuren. Es verleugnet sich selbst. Es schießt mit Pfeilen aus Worten auf die Zielscheibe der Stille. Jedes Wort, das ins Schwarze trifft, kehrt zu jener Stille zurück, aus der es gekommen ist.

Klingt das widersprüchlich? Das ist es zweifelsohne auch, aber nicht widersprüchlicher, als wir selbst sind. Denn das Haiku spiegelt nur den Widerspruch des „ruhenden Punktes“, das Paradox des menschlichen Herzens. Im vollendeten Haiku ist die Essenz des menschlichen Wesens kristallisiert. Kristallisiert, nicht versteinert. Nicht wie ein Fels, sondern leicht wie eine Schneeflocke, die schmilzt und zu einem Wassertropfen wird, sobald sie mit uns in Berührung kommt. Wir haben uns dieses Paradoxes nicht entledigt. Es wird uns vertraut, erträglich gemacht; wir können uns mitten hineinstellen und uns darüber freuen, wie sich Kinder über Schneeflocken freuen. Wir vereinen uns mit dem Widerspruch, anstatt uns ihm entgegenzustellen, und plötzlich verstehen wir – verstehen uns selbst.

Im Ruhepunkt erlangtes Selbstverständnis – das ist der Kern des Gipfelerlebnisses; das Anliegen von T. S. Eliots „Vier Quartetten“, die verborgene Quelle der Haiku-Dichtung; das Ziel des Mönches. Wir alle haben dasselbe Ziel, und das Klosterleben ist nur einer der möglichen Wege zu diesem Ziel. Seiner idealen Form nach aber ist das Mönchsleben paradigmatisch – es erlaubt uns, das menschliche Paradox mit wenigen Strichen zu skizzieren.

Aus diesem Grunde wendet sich heute der Mensch in seiner Identitätskrise wieder mit neuem Interesse der monastischen Tradition zu. Wer sich dafür interessiert, wird zum Verständnis monastischen Lebens kaum einen direkteren Weg finden als den hier versuchten. Solange wir uns nämlich der Sache von außen nähern, werden wir nicht über komplexe sozio-religiöse Phänomene der Geschichte hinauskommen; werden auf der Ebene von Schlagworten stecken bleiben. Gehen wir die Sache jedoch – wie hier vorgeschlagen – von innen her an, so wird deutlich, dass das klösterliche Abenteuer viel mehr als nur eine periodisch wiederkehrende Randerscheinung der organisierten Religion ist. Es erweist sich als ein möglicher Weg, eine fundamentale Dimension des Menschen zu verwirklichen: Die Erforschung seiner Innenwelt. Wenige bemühen sich darum, aber was sie tun, betrifft uns alle. Jeder kann auch bis zu einem gewissen Grad verstehen, worum es hier geht.

Kennen Sie

… den Augenblick in und außer der Zeit,
Den Wachtraum, verloren im Sonnenstrahl,
Den ungesehenen Thymian, das Wetterleuchten im Winter,
Den Wasserfall oder Musik, die so innig gehört wird,
Dass du sie nicht mehr hörst, weil du selbst die Musik bist,
Solange sie forttönt.

Wenn Sie auch nur einen Vorgeschmack dieser schmerzlichen Seligkeit erfahren haben, so wird es Ihnen sicher nicht schwer fallen zu verstehen, dass manche Menschen ihr ganzes Leben auf dieses eine Ziel ausrichten:

… den Punkt, wo sich Zeitloses schneidet mit Zeit, zu erkennen …

(Zugegeben, sie mögen exzentrisch sein. Vielleicht muss man sogar exzentrisch sein, um ein so starkes Bedürfnis nach diesem Zentrum im „Ruhepunkt“ zu haben.)

Und wenn Sie das erfüllte Alleinsein, das alles aufhebt, was Ihrem Einssein mit dem Universum im Wege steht, erfahren haben – und sei es auch nur für einen kurzen Augenblick –, dann wird es Ihnen nicht abwegig erscheinen, dass jemand zum Einzelgänger wird, um sich mit den Wölfen und der Sonne, mit dem Wasser und dem Tod zu „verbrüdern“. (Schließlich bedeutet „monachos“ wörtlich „Einzelgänger“ – und doch ist es der Mönch, der von jedermann mit „Bruder“ angeredet wird.)

Und wenn Ihnen in einem blitzartig erleuchteten Augenblick klar geworden ist, dass alles Sinn hat, sobald man das rationale Denken zurücklässt, so werden Sie auch verstehen, weshalb manche Männer und Frauen ihr ganzes Leben diesem Paradox widmen. Was sie suchen ist:

> … nicht der gesteigerte Augenblick,
> losgelöst, frei von Gewesenem und Künftigem,
> sondern das ganze Leben, glühend in jedem Augenblick.
>
> … Jedoch den Punkt,
> Wo sich Zeitloses schneidet mit Zeit, zu erkennen,
> Ist eine Beschäftigung für Heilige –
> Nicht Beschäftigung nur, etwas, das gegeben

Und genommen wird durch das Absterben eines
ganzen Lebens
In Liebe, Eifer, Selbstlosigkeit und Selbst-
entäußerung.

Dies Ziel ist hienieden
Den meisten von uns unerreichbar,
Wir, die nur unbesiegt bleiben,
Weil wir es stets aufs Neue versuchten,

Für uns gilt nur der Versuch.
Der Rest ist nicht unsere Sache.

Der Weg des Mönches ist nur einer der Wege, welche zum „ruhenden Punkt" führen. Aber es ist ein Weg, auf dem schon seit geraumer Zeit viele ans Ziel gelangt sind. Eine gewisse Grunderfahrung des menschlichen Paradoxes ist notwendig, um die Formen der klösterlichen Tradition von innen heraus zu verstehen. Die von Ordensleuten entwickelten Lebensformen können aber ihrerseits wieder zu unserem Verständnis des menschlichen Paradoxes beitragen.

Wie wir gesehen haben, enthüllt sich uns das Paradox Mensch in einem plötzlichen Aufleuchten des Selbstverständnisses am „ruhenden Punkt" des Gipfelerlebnisses. Es geschieht einfach. Mit keiner noch so großen Anstrengung könnten wir uns diese Erfahrung verdienen. Sie ist gratis: *Gratis gratis data* – immer ein Geschenk. Was also können wir dann dazu beitragen? Wir können uns darauf vorbereiten. Und wie? Die Antwort des Mönchs lautet: durch Training. Ein Asket ist jemand, der trainiert. (Das griechische Wort „askein“ bedeutet „üben“, und da dieses Üben zielgerichtet ist, „trainieren“). Das ist Askese: zielgerichtetes, systematisches Training. Und das Ziel besteht darin, immer wieder den „ruhenden Punkt“ zu erreichen.

Es ist also weiter nicht verwunderlich, dass die innere Struktur der asketischen Tradition denjenigen des Gipfelerlebnisses entspricht. In ihr werden wir noch einmal dem Paradox des intensivierten Hier und Jetzt, jenseits von Raum und Zeit, begegnen.

Die spezielle Form, welche dieses Paradox im asketischen Leben annimmt, ist Losgelöstheit (welche nicht mit Gleichgültigkeit verwechselt werden darf). Auch werden wir wieder dem Paradox von Alleinsein/All-Eins-Sein begegnen. Seine Form ist hier die Ehelosigkeit. Auch auf unser „Das-ist-es“-Erlebnis in all seiner paradoxen Spannung werden wir wieder stoßen. Die besondere Akzentsetzung dieser Spannung, die so charakteristisch für das asketische Leben ist, bringt einen ganzen Lebensstil hervor, gekennzeichnet durch Stille, Achtsamkeit, Gebet und Feier. Was diesem Lebensstil zugrunde liegt, ist Gehorsam – natürlich in einem viel umfassenderen Sinn als das Wort Gehorsam in der Alltagssprache hat: Gehorsam als ein ständig erneuertes Horchen auf den Sinn jeden Augenblicks. Alle drei, Losgelöstheit, Zölibat und Gehorsam (Armut, Keuschheit und Gehorsam sind die termini technici), stehen in direktem Zusammenhang zum Streben nach dem Ruhepunkt.

Die Losgelöstheit, von der hier die Rede ist, muss klar von Gleichgültigkeit unterschieden werden. Während Gleichgültigkeit Liebe einer Situation entzieht, ist die Liebe der Losgelöstheit „ein Erweitern über das Begehren hinaus". Das Begehren ist in der Zeit verstrickt; es sehnt sich nach der Vergangenheit und sorgt sich um die Zukunft. Liebe, die über das Begehren hinauswächst, ist „Befreiung vom Künftigen wie vom Vergangenen". Was übrig bleibt, ist das Jetzt, in dem „Vergangenes und Zukunft vereint sind", der ruhende Punkt.

Wir können die befreiende Ausdehnung der Liebe in unserem eigenen Alltag erleben. Tatsächlich können wir unser Tun und Lassen bei fortschreitender Erweiterung des Horizonts als immer unwichtiger und zugleich immer bedeutsamer empfinden. Und genau das geschieht bei fortschreitender monastischer Losgelöstheit. Das Hier und Jetzt gewinnt genau in dem Maße an Bedeutung, wie es an Wichtigkeit verliert. Im Ruhepunkt spielt das Hier und Jetzt keine Rolle mehr, und gleichzeitig gewinnt es letzte Bedeutung. Daraus ergibt sich, dass wir ein dem Training in innerer Freiheit entsprechendes Raum-Zeit-Gefühl entwickeln müssen. Ohne das geht es nicht.

Die unterschiedlichen Formen, durch welche Mönche verschiedener Traditionen die Askese, zum Beispiel des Raumes, kultivieren, mögen von außen betrachtet als gegensätzlich erscheinen. Haben wir erst einmal den Schlüssel gefunden, ist leicht zu erkennen, dass alle dasselbe Ziel haben. So unterschiedliche Formen wie die Heimatlosigkeit des Pilgermönchs und die Stabilität des Klosters sind nur zwei verschiedene Wege zum selben Ziel. Ein Wandermönch auf den Straßen Indiens, ein Stylit, der sein Leben auf einer Säule sitzend verbringt; die seefahrenden irischen Mönche des Mittelalters oder die eingemauerten Eremiten im alten Russland und Tibet; und all die Mönche, deren Lebensformen irgendwo zwischen solchen Extremen liegen – sie alle haben nur das eine Ziel: dort gegenwärtig zu sein, wo sie sind, wirklich, ganz, gegenwärtig.

> … Um dahin zu gelangen,
> Wo du schon bist, und fortzukommen von dort,
> wo du nicht bist,
> Musst du einen Weg gehen, der keine Ekstase kennt.

„Ekstase" bedeutet wörtlich „außer sich sein", fehl am Platze sein, sogar verrückt sein – also das genaue Gegenteil jener vollkommenen Gesammeltheit, jener lebendigen Gegenwart im Hier und Jetzt, mit beiden Beinen fest auf dem Boden stehend. Dass die Ekstase ausgerechnet im Augenblick höchster Sammlung und Gegenwärtigkeit eintritt, ist lediglich das sprachliche Spiegelbild des hier besprochenen Paradoxes. Das klösterliche Training ist ohne Eile und Hektik, aufs Praktische und Alltägliche ausgerichtet: fegen, kochen, waschen, bei Tisch auftragen oder am Altar dienen, Bücher lesen, Karteikarten einordnen, den Garten umgraben, an der Schreibmaschine sitzen, Heu machen, Rohre reparieren; aber all das mit jener liebevollen Losgelöstheit, die jeden Ort zum Mittelpunkt des Universums wandelt.

Zu diesem monastischen Bewusstsein des Raums gehört ein entsprechendes monastisches Bewusstsein der Zeit.

> Die Jahreszeiten und die Gezeiten der Sterne
> Die Zeit des Melkens und die Zeit des Erntens.

Die Zeit des „unaufhörlichen Angelusläutens der Glockenboje" an der Küste:

> Die Glocke zur See misst
> Zeit, die nicht unsere Zeit ist, geläutet von dem gemessenen Schwall der Dünung: eine Zeit, weit älter
> Als die Zeit, wie Uhren sie deuten, weit älter
> Als die Zeit, wie wir sie zählen …

Und dieser „gemessene Schwall der Dünung" wird zum Sinnbild jener Erweiterung der Liebe über das Begehren hinaus, innerlich frei, aber nicht gleichgültig, sondern hellwach und verantwortlich – denn die Zeit, welche von der läutenden Glocke gemessen wird, ist „nicht unsere Zeit". Wir werden gerufen. Wir müssen antworten.

> Und die Dünung, heut wie von jeher,
> läutet
> Die Glockenboje.

Die Angelusglocke und der Gong, die Holzklöppel und die Trommel – sie alle geben Zeit an, „nicht unsere Zeit". Das ist der entscheidende Punkt: dass es nicht unsere Zeit ist. Die Mönche stehen auf und gehen zu Bett, arbeiten und feiern – wenn es Zeit dazu ist. Sie „halten“ sich nur an die Zeit, ohne sie zu „bestimmen“. Beim ersten Glockenschlag hat der Mönch in seiner Tätigkeit innezuhalten, was immer es sei, und sich dem zuzuwenden, wofür es Zeit ist. Das Entscheidende ist das Loslassen. Es ist Befreiung. Durch das Loslassen wird die Zeit, welche „nicht unsere Zeit“ ist, alle Zeit, unser eigen, weil wir uns ihr hingeben. Wenn wir im Rhythmus des Lebens mitschwingen, sind wir im Einklang mit der Welt, und sie gehört ganz uns.

Die innere Freiheit von Raum und Zeit, durch die alles unser eigen wird, weil wir im Hier und Jetzt völlig gegenwärtig sind, enthält das ganze monastische Leben wie eine Frucht den Samen.

> Ein Zustand vollendeter Einfalt
> (Der nicht weniger kostet als alles)

Jeder andere Verzicht ist in der liebevollen Losgelöstheit des Mönchs vom Hier und Jetzt eingeschlossen. Sie weist auf jene radikale Losgelöstheit von uns selbst hin, in der wir unser wahres Selbst finden.

> Um das zu besitzen, was du nicht besitzt,
> Musst du den Weg der Entäußerung gehen.
> Um das zu werden, was du nicht bist,
> Musst du den Weg gehen, auf dem du nicht bist.

Unverhaftet sein in diesem wahrhaft katholischen, d. h. allumfassenden Sinn, führt uns direkt zur monastischen Ehelosigkeit, denn

> Liebe ist noch am ehesten echt,
> Wenn das Hier und Jetzt einem nichts mehr ausmacht.

Die Ehelosigkeit ist zweifellos im Zusammenhang mit dem „Erweitern der Liebe über das Begehren hinaus" zu sehen. So betrachtet verschiebt sich die Betonung vom Aspekt des Nichtbesitzens, der Entsagung, des Verzichts zum Aspekt der Ausdehnung, der Befreiung, der Erfüllung. Im Hinblick auf das Gipfelerlebnis ist es sinnvoll zu sagen, dass der Mönch deshalb ehelos und allein lebt, weil seine Verbundenheit mit allem über das Begehren hinauswächst. Und es ist auch richtig zu sagen, dass er sich dieses Einssein mit allem nur deshalb zu eigen machen kann, weil (und in dem Maße wie) er wahrhaftig allein ist. Die Ehelosigkeit ist der wagemutige Versuch, den „Zustand vollendeter Einfalt", in dem Einsamkeit und Miteinander verschmelzen, aufrechtzuerhalten, sodass Alleinsein zum All-Eins-Sein wird.

Diese Erfahrung des Einklangs mit sich selbst und mit allem, ein Einklang, im Herzen der Welt gefunden, im ruhenden Punkt, diese Erfahrung ist immer Geschenk. Aber es ist eine Sache, spontan im „Augenblick des Glücks, … dem Blitz der Erleuchtung" davon überrascht zu werden, und eine ganz andere, sein ganzes Leben auf diesem Ruhepunkt aufzubauen und es auf ihn auszurichten. Dazu brauchen wir die Unterstützung anderer, die dasselbe Ziel verfolgen. (Selbst der Eremit braucht diese Unterstützung, wenn auch weniger offensichtlich.) Klösterliches Alleinsein muss vom Miteinander getragen werden.

Viel Miteinander ist nötig, um das Alleinsein vor dem Absinken in die Vereinsamung zu bewahren. Hierin wurzelt die klösterliche Gemeinschaft. Alleinsein und Miteinandersein ermöglichen und bedingen sich gegenseitig. Ohne Alleinsein wird das Miteinander zur Masse, einengend und erstickend; ohne Miteinander wird aus dem Alleinsein Vereinsamung. Gemeinschaft kann nur in der Spannung zwischen Alleinsein und Miteinander existieren.

Das empfindliche Gleichgewicht zwischen diesen beiden Polen bestimmt den Charakter einer Gemeinschaft. In einer Gemeinschaft, die das Miteinander betont (ihr verbreitetes Modell ist die Ehe), ist das Miteinander das Maß des Alleinseins, das heißt jedem Partner wird soviel Raum zum Alleinsein zugestanden, wie er für ein reiches und erfülltes Miteinander braucht. In der Klostergemeinschaft, für die das Alleinsein im Vordergrund steht, ist Alleinsein das Maß des Miteinander, das heißt, jedes Mitglied muss gerade so viel Kontakt mit anderen haben, wie es zur Bereicherung und Unterstützung seines Alleinseins braucht. Mönche, die in einer Gemeinschaft leben, helfen einander liebevoll, echtes Alleinsein zu pflegen und zu erhalten.

Niemand kommt ohne diese Unterstützung aus. Selbst der im Alleingang vorstoßende Entdecker verlässt sich auf das Team, das hinter ihm steht. Bei dieser Entdeckungsfahrt steht viel auf dem Spiel.

Ein Leben der Ehelosigkeit bedeutet:

> … ausziehen auf unentlohnbare Fahrt,
> Auf einen Fischfang, der sich nicht sehen lassen kann.

Im Ruhepunkt wurzelnd, müssen wir die Gemeinschafts-Dimension der Einsamkeit erforschen, die All-Einheit des Alleinseins.

> Wir müssen still sein und dennoch vorangehen,
> Mit vertiefter Empfindung
> Zu neuer Vermählung, tieferer Vereinigung,
> Durch kaltes Dunkel, trostlose Verödung.
> Wir werden nicht nachlassen in unserem Kundschaften.
> Und das Ende unseres Kundschaftens
> Wird es sein, am Ausgangspunkt anzukommen,
> Und den Ort zum ersten Mal zu erkennen.

Wir werden „erkennen"; aber Erkennen in diesem Sinne ist „ein Fischfang, der sich nicht sehen lassen kann". Es ist eine Art des Wissens jenseits des Zähl- und Messbaren; kein Erkennen der Erkenntnis, aber ein Erfahren von Erkenntnis.

… Uns scheint
Im besten Fall der Wert des Wissens,
Das wir aus Erfahrung gewinnen, äußerst
beschränkt.

Das Interesse der Mönche liegt nicht im „Wissen … das gewonnen“ wird, sondern im unmittelbaren Wissen; nicht im Wissen, welches wir erfassen, uns aneignen können, sondern im Sinn, welcher im Erleben zu uns spricht, uns ergreift, überwältigt. Ähnlich wie sich „Zeit, nicht unsere Zeit“ uns hingibt, sobald – und in dem Maße wie – wir uns ins Unverhaftetsein loslassen und uns dieser befreienden Kraft anvertrauen, so offenbart sich der Sinn, nach dem wir im Leben suchen, sobald wir den Versuch aufgeben, ihn zu erfassen, und anfangen, auf ihn horchen. Wissen versucht zu erfassen; Weisheit horcht. Horchende Weisheit: das ist Gehorsam.

Offensichtlich ist Gehorsam hier im umfassendsten Sinn zu verstehen. Gehorsam darf nicht auf die Bedeutung „sich dem Willen eines andern fügen“ reduziert werden. Unterordnung mag zwar eines der augenfälligen Merkmale klösterlichen Trainings sein, jedoch nicht zum Selbstzweck. Es ist Mittel zum Zweck und nur eines von vielen Mitteln. Der Zweck ist Gehorsam im umfassendsten Sinn, als liebevolles Horchen auf den Sinn, dem wir in jedem Ding, jedem Menschen, jeder Situation begegnen. Wäre Gehorsam nicht mehr als „tun, was jemand anders von mir verlangt“, so würde er lediglich meine eigenen Launen durch die Launen eines anderen ersetzen; klösterliches Training will uns jedoch von allen Launen befreien. Der Meister hilft dem Mönch, seine Eigensinnigkeit aufzugeben, aber das ist nur der Anfang. Die eigentliche Aufgabe besteht darin, Horchen zu lernen. Das lateinische Wort für Gehorsam, „obaudire", bedeutet wörtlich „aufmerksam zuhören". Das Gegenteil davon ist völlige Taubheit, und die wörtliche Übersetzung davon ist „ab-surdus". Alles ist absurd, solange wir nicht gelernt haben, auf seinen Sinn zu hören, solange wir nicht in Gehorsam „ganz Ohr" sind.

Um horchen zu können, muss man still sein. Stille ist also ein weiteres Mittel, das aufmerksame Zuhören in Gehorsam zu erlernen. Gemeint ist hier in erster Linie eine innere Stille; jedoch ist äußere Stille notwendig, um der inneren Ausdruck zu verleihen und sie zu unterstützen. Allerdings besteht klösterliche Stille nicht einfach im Unterdrücken von Worten und Vermeiden von Lärm. Das würde im besten Fall zu einer Stille führen, wie sie in einer öffentlichen Bibliothek oder in einer Leichenhalle herrscht. Klösterliche Stille ist keine Totenstille; sie ist durchdrungen vom Geheimnis des Lebens, wie die Stille eines tiefen Waldes. Und all diese innerlich gesammelte Stille hat nur ein Ziel: den „Punkt, wo sich Zeitloses schneidet mit Zeit, zu erkennen … den ruhenden Punkt".

Klösterliche Aufmerksamkeit und innere Sammlung stehen, wie das Schweigen, in direktem Zusammenhang zum Gehorsam. Sie sind nicht das finstere „memento mori", als welches sie manchmal erscheinen. Und doch ist es wahrhaftig ein Gewahrsein des Todes, denn der Tod ist letztlich der entscheidende „Punkt, wo sich Zeitloses schneidet mit Zeit". Aber die Sammlung des Mönchs ist keine morbide Vorwegnahme seiner Todesstunde; sie ist vielmehr ein bewusstes Erleben der Gegenwart, des Hier und Jetzt „Im Kreuzfeld der Zeit". Und in diesem Sinn ist „die Todesstunde jeder Augenblick". In jedem Augenblick, in dem wir wirklich gegenwärtig sind, kann durch diese innere Sammlung der Durchbruch durch die Zeitbarriere erfolgen. Der Augenblick vollkommener Gegenwärtigkeit, durch innere Sammlung erreicht, ist der „Augenblick in und außer der Zeit". So ist „Geschichte ein Gefüge aus zeitlosen Momenten". Durch ein Leben gesammelter Achtsamkeit wird der jeweils gegebene Augenblick – was immer sein Inhalt sei – zu einem „Symbol, einem Symbol, vollendet im Tod". Im mönchischen Leben wird alles zum Symbol, weil wir lernen, auf seinen Sinn zu horchen.

Das Gebet ist unbegrenzte Achtsamkeit. Das entspricht der herkömmlichen Vorstellung von Gebet und bedeutet gleichzeitig eine erhebliche Erweiterung dieses Konzepts. Jedermann weiß, dass man seine Gebete verrichten kann, ohne wirklich gebetet zu haben. Und wenn wir uns fragen: „Was ist es denn, das Gebete zum Gebet macht?", so ist die Antwort: innere Sammlung, Achtsamkeit. Wenn wir bei der Sache sind, dann beten wir wirklich. Worauf es ankommt ist also Achtsamkeit, innere Sammlung und Offenheit. Typisch dafür ist die Geste der offenen, zum Gebet erhobenen Hände, im Gegensatz zu der krampfhaft geschlossenen Faust, die sich an die Dinge zu klammern versucht. Sammlung im Gebet ist liebevolle Offenheit für den

Sinn, den ein gegebener Augenblick vermittelt. Festgelegte Gebetszeiten sind zweifelsohne nützlich; sie fördern unsere Bereitschaft zum Gebet. Aber sollen wir das Beten auf festgelegte Zeiten beschränken? Wenn wir gelernt haben, beim Beten bei der Sache zu sein, so sollten wir auch in der Lage sein, bei allem anderen, was wir tun, bei der Sache zu sein. Und damit wird alles zum Gebet, zur Feier. Alles wird zur Feier, wenn wir lernen, jedes Ding für sich zu betrachten, eins nach dem andern, Augenblick für Augenblick, damit wir ihm dankbare Beachtung schenken können.

So gesehen ist das Gebet auch nur eine weitere Form gehorsamen Horchens. Ergebenheit, Stille, innere Sammlung, Gebet – das Bindeglied zwischen all diesen asketischen Übungen ist der Gehorsam. Losgelöstheit macht den Mönch frei für die „unentlohnbare Fahrt“. Indem er sich auf die Ehelosigkeit einlässt, setzt er die Segel. Gehorsam ist die lebenslange Seefahrt geistlicher Abenteurer.

Wie wir schon früher festgestellt haben, ist das klösterliche Leben in einer Gemeinschaft, die das Alleinsein trägt, nur ein Weg, nicht der einzige Weg. Vielleicht werden einmal eine Frau und ein Mann auf ähnlich paradigmatische Weise aufzeigen, wie sich die Selbstfindung im Selbstverlust, das Paradox des Eins-Seins und Alleinseins und das Horchen auf sinnträchtiges Schweigen in einer auf das Miteinander ausgerichteten (Ehe-)Gemeinschaft ausdrückt. Vielleicht werden sich die Ähnlichkeiten mit dem klösterlichen Leben als erstaunlich groß erweisen. Betrachtet man einen Kreis von Tänzern von außen, so scheinen sich die uns nächsten und die von uns entferntesten Tänzer in entgegengesetzter Richtung zu bewegen, während sie sich doch in Wirklichkeit alle in dieselbe Richtung bewegen.

Und der
sei der Weg hinab,
der Weg voran der Rückweg.

Das einzig Wichtige ist der Ruhepunkt des Tanzes.

Eine tiefe Verbeugung

„Ich werde oft gefragt, wie ein Buddhist die Frage: ‚Existiert Gott?' beantwortet.

Vor ein paar Tagen ging ich am Fluss entlang. Der Wind wehte. Plötzlich dachte ich: ‚Oh, die Luft existiert wirklich!' Wir wissen, dass die Luft da ist, aber solange uns nicht der Wind ins Gesicht weht, sind wir uns ihrer nicht bewusst. Vom Wind umweht, wurde mir plötzlich bewusst, dass sie wirklich da ist.

Genauso ist es mit der Sonne. Plötzlich nahm ich die Sonne wahr, die durch die kahlen Bäume schien. Ihre Wärme, ihre Helligkeit – alles vollkommen frei, vollkommen gratis. Wir können sie einfach genießen. Und ohne es bewusst zu wollen, völlig spontan, legte ich die Hände gegeneinander und machte ‚gassho'. Da wurde mir klar, dass es nur darauf ankommt: dass wir uns verbeugen, tief verbeugen können. Nur das. Einfach nur das."[1]

Wären wir in der Lage, diese elementare Dankbarkeit ständig zu empfinden, dann bräuchten wir nicht darüber zu sprechen, und viele der Widersprüche, die unsere Welt zerreißen, wären sofort aufgehoben. In unserer derzeitigen Situation mag es jedoch angebracht sein, davon zu sprechen.

[1] Aus einer Ansprache des Rev. Eido Tai Shimano, eines japanischen Zen-Meisters, der bei der Gesellschaft für Zen-Studien in New York unterrichtet.

Es könnte uns zumindest helfen, die Erfahrung zu erkennen, wenn sie uns geschenkt wird, und uns den Mut geben, uns in die Tiefe der Dankbarkeit hinabsinken zu lassen.

Zunächst einmal sollten wir uns fragen: Was geschieht, wenn wir uns spontan dankbar fühlen? (Natürlich geht es uns hier um das konkrete Phänomen, nicht um irgendeine abstrakte Idee.) Zum Einen spüren wir Freude. Freude liegt der Dankbarkeit zweifellos zugrunde. Aber es ist eine ganz besondere Freude – eine Freude, die uns von einem anderen Menschen geschenkt wird. Meine Freude wird um etwas Wesentliches erweitert, wenn ich spüre, dass jemand anderes, ein anderer Mensch, sie mir schenkt.

Ich kann mich selbst mit einem köstlichen Mahl verwöhnen, aber meine Freude wird in diesem Fall eine ganz andere sein, als wenn jemand anders mich verwöhnt hätte (und sei es auch mit einem weniger exquisiten Essen). Ich kann mir selbst etwas gönnen, aber keine geistige Verrenkung wird mich in die Lage versetzen, mir selbst dankbar zu sein; hierin liegt der Unterschied zwischen der Freude, aus der Dankbarkeit entspringt, und jeder anderen Art von Freude.

Dankbarkeit bezieht sich auf eine andere Person. Wir können nicht im selben Sinne Dingen oder unpersönlichen Mächten, wie dem Leben oder der Natur, dankbar sein, es sei denn, wir empfinden sie auf irgendeine unklare Weise als menschlich, vielleicht als übermenschlich.

Kann sich Dankbarkeit nicht auf eine Person richten, schwindet sie. Woran liegt das? Dankbarkeit impliziert, dass mir die Gabe, die ich empfange, aus freien Stücken geschenkt wird, und jemand, der mir einen Gefallen tun kann, ist, per definitionem, eine Person.

Aber auch wenn mir jemand anderes eine Freude bereitet, empfinde ich nur dann Dankbarkeit, wenn er es absichtlich getan hat. In dieser Hinsicht sind die meisten Menschen sehr empfindlich. Wenn wir in der Cafeteria ein ungewöhnlich großes Stück Kuchen erhalten, zögern wir wahrscheinlich einen Augenblick, und erst wenn wir die Möglichkeit ausgeschlossen haben, dass es eben ab jetzt größere Stücke gibt oder dass es sich um ein Versehen handeln könne, interpretieren wir es als persönlichen Gefallen, der uns ein Lächeln für den Angestellten hinter der Theke wert ist.

In manchen Fällen lässt sich nur schwer entscheiden, ob uns eine Gefälligkeit auch wirklich persönlich zugedacht war, aber unsere Dankbarkeit hängt von dieser Interpretation ab. Zumindest muss die Gefälligkeit einer Gruppe gelten, mit der ich mich persönlich identifiziere. (Trägt man ein Mönchsgewand, dann geschieht es nicht selten, dass man ein größeres Stück Kuchen bekommt oder mit einer anderen unerwarteten Freundlichkeit bedacht wird – noch dazu von Menschen, die einem völlig fremd sind und die man auch nie wiedersehen wird. Hier ist man in seiner Eigenschaft als Mönch persönlich gemeint.) Völlig anders ist es in der peinlichen Lage, in der jemand uns zulächelt –

oder wir meinen so, um dann festzustellen, dass das Lächeln jemandem gilt, der hinter uns steht.

Wozu diese kleine Phänomenologie der Dankbarkeit? Soviel ist sicher: Dankbarkeit beruht auf der Einsicht, dass mir etwas Gutes widerfahren ist, das von einem anderen Menschen ausging, dass es mir aus freien Stücken geschenkt wurde und als Gefälligkeit gedacht war. In dem Augenblick, wo ich dies erkenne, empfinde ich spontan Dankbarkeit: „Je suis reconaissant“ – Ich erkenne, ich anerkenne, ich bin dankbar; im Französischen umfasst dieser eine Ausdruck alle drei Bedeutungen. Ich erkenne die besondere Qualität dieser Freude der Dankbarkeit: es ist eine Freude, die mir aus freien Stücken als Gefälligkeit zugedacht wurde. Indem ich ein Geschenk, das mir nur ein anderer aus freien Stücken geben kann, aus freien Stücken akzeptiere, erkenne ich meine Abhängigkeit an.

Ich bin dankbar und erlaube meinen Gefühlen, die Freude, die mir geschenkt wurde, voll auszukosten und zum Ausdruck zu bringen. So fließt die Freude – durch die Dankbarkeit, die ich ausdrücke – zu ihrer Quelle zurück. Aufrichtige Dankbarkeit nimmt den ganzen Menschen in Anspruch: Der Verstand erkennt das Geschenk als Geschenk; der Wille erkennt Abhängigkeit an; die Gefühle schwingen mit der Freude dieses Erlebnisses mit.

Der Intellekt erkennt: Ja, diese Freude ist wirklich ein Geschenk; der Wille erkennt an: Ja, es ist gut, meine Abhängigkeit zu akzeptieren; die Gefühle schwingen in Dankbarkeit mit und preisen die Schönheit dieses Erlebnisses. So findet das dankbare Herz, das im Wahren, Guten und Schönen die Fülle des Seins erfährt, durch Dankbarkeit seine Erfüllung. Deshalb ist ein Mensch, der nicht von Herzen dankbar sein kann, ein so beklagenswertes Geschöpf. Fehlende Dankbarkeit weist immer auf eine Störung im Bereich des Intellekts, des Willens oder der Gefühle hin, welche eine Integration der Persönlichkeit verhindert.

So mag etwa der Verstand auf Misstrauen bestehen und nicht erlauben, dass eine Gefälligkeit als solche erkannt wird. Selbstlosigkeit lässt sich nicht beweisen. Wenn ich auch über die Motive eines anderen nachgrüble, so muss an einem gewissen Punkt der Verstand doch dem Vertrauen Platz machen. Dankbarkeit ist eine Geste, die nicht vom Verstand allein, sondern vom ganzen Herzen ausgeht. Vielleicht weigert sich auch mein stolzer Wille, meine Abhängigkeit von einem anderen Menschen anzuerkennen. Das lähmt mein Herz, noch bevor es sich zum Dank erheben kann.

Schließlich mögen auch die Narben verletzter Gefühle eine volle emotionale Antwort verhindern. Mein Verlangen nach reiner Selbstlosigkeit mag so tief und meine bisherigen Erfahrungen so schlecht sein, dass ich verzweifle. Wer bin ich denn auch schon? Weshalb sollte irgend jemand selbstlose Liebe an mich verschwenden? Bin ich es wert? – Nein. Dieser Tatsache ins Auge zu sehen, meine Unwürdigkeit zu erkennen und mich doch hoffnungsvoll der Liebe zu öffnen – das ist der Ursprung aller menschlichen

Ganzheit und Heiligkeit, der Kern der verbindenden Geste des Dankens. Die innere Geste der Dankbarkeit kann sich jedoch nur dann verwirklichen, wenn sie auch Ausdruck findet.

Der Ausdruck des Dankes ist ein wesentlicher Bestandteil der Dankbarkeit, er ist ebenso wichtig wie das Erkennen des Geschenks als solches und die Anerkennung meiner Abhängigkeit. Man denke nur an die Hilflosigkeit, die wir empfinden, wenn wir ein anonymes Geschenk erhalten und folglich nicht wissen, wem wir dafür danken sollen. Erst wenn unser Dank zum Ausdruck gekommen ist und akzeptiert wurde, ist der Kreis des Gebens und Dankens geschlossen und ein Austausch zwischen Geber und Empfänger hergestellt.

Allerdings ist das Bild vom geschlossenen Kreis nicht besonders gut gewählt. Austausch ist wohl eher mit einer Spirale zu vergleichen, in der der Geber den Dank entgegennimmt und so selbst zum Empfänger wird. So wird die Freude des Gebens und Empfangens immer stärker. Die Mutter beugt sich über das Kind in der Wiege und reicht ihm eine Rassel. Das Baby erkennt das Geschenk und erwidert das Lächeln der Mutter. Die Mutter ihrerseits hochbeglückt von der kindlichen Geste der Dankbarkeit, hebt das Baby hoch und küsst es. Das ist sie, die Spirale der Freude. Ist nicht der Kuss ein größeres Geschenk als das Spielzeug? Ist nicht die Freude, die darin zum Ausdruck kommt, größer als die Freude, die unsere Spirale ursprünglich in Bewegung setzte?

Die Aufwärtsbewegung der Spirale deutet jedoch nicht nur an, dass die Freude stärker geworden ist. Vielmehr sind wir zu etwas völlig Neuem gelangt. Ein Übergang hat stattgefunden. Ein Übergang von der Vielheit zur Einheit: Zu Anfang waren es Geber, Geschenk und Empfänger; daraus wird die Umarmung, die Danksagung und entgegengenommenen Dank umfasst. Wer kann im abschließenden Kuss der Dankbarkeit noch zwischen Geber und Empfänger unterscheiden?

Bedeutet Dankbarkeit nicht einen Übergang vom Misstrauen zum Vertrauen, von stolzer Isolation zu demütigem Geben und Nehmen, von der Versklavung in falscher Unabhängigkeit zur Selbst-Annahme in der befreienden Abhängigkeit? Ja, Dankbarkeit ist die große Geste des Übergangs.

Und diese große Geste des Übergangs eint uns. Sie eint uns als menschliche Wesen, denn wir erkennen, dass wir in diesem ganzen vergänglichen Universum die Einzigen sind, die um ihre Vergänglichkeit wissen. Darin liegt ja unsere menschliche Würde. Darin liegt zugleich unsere menschliche Aufgabe. Sie besteht darin, den Sinn dieses Übergangs auszuloten. Unser ganzes Leben ist ja Übergang. Sein Sinn will durch die Geste des Dankens gefeiert sein.

Diese Geste des Übergangs eint uns tief in unserm Innern, wo Menschsein religiös sein bedeutet. Dankbarkeit ist im Wesentlichen Selbstannahme in jener Abhängigkeit, die befreit. Die Abhängigkeit, die befreit, ist jedoch nichts anderes als jene Religiosität, die allen Religionen zugrunde liegt. Ja, sie liegt sogar jener tief religiösen (wenn auch irrigen) Ablehnung aller Religionen zugrunde.

Wenn wir uns die großen Übergangsriten ansehen, die Teil des ältesten religiösen Erbes der Menschheit sind, dann wird uns die religiöse Bedeutung der Dankbarkeit klar. Anthropologie und vergleichende Religionswissenschaft haben diesen „rites de passage“, Riten, die Geburt und Tod und andere wichtige Übergänge im menschlichen Leben feiern, in den letzten Jahren große Bedeutung beigemessen. Im Mittelpunkt dieser Riten steht immer ein Opfer, was insofern verständlich ist, als das Opfer an sich typisch für alle Übergangsriten ist.

Wir können die verschiedenen Formen des Opferritus auf ihre gemeinsamen Grundzüge hin untersuchen. Da finden wir dann, dass zwischen der Struktur der Dankbarkeit als einer Geste des menschlichen Herzens und der inneren Struktur des Opferns eine erstaunlich große Ähnlichkeit besteht. In beiden Fällen findet ein Übergang statt. In beiden Fällen geht die Geste vom freudigen Erkennen eines empfangenen Geschenks aus, gipfelt in der Anerkennung der Abhängigkeit des Empfängers vom Gebet und findet ihre Vollendung im äußerlichen Ausdruck des Dankes. Geber und Empfänger werden dadurch vereint, sei es in Form des traditionellen Händedrucks oder in Form einer Opfer-Mahlzeit.

Denken wir nur an Formen des Erstlingsopfers. Fast sicher gehören die ältesten Opferriten hierher. Selbst in seiner einfachsten und primitivsten Form hat der Ritus eindeutig die beschriebene Struktur.

Da wären etwa die Chenchu, ein Stamm, der in Süd-Indien lebt und zu den ältesten Kulturen nicht nur Indiens, sondern der ganzen Welt zählt. Was geschieht, wenn ein Chenchu von einer Sammel-Expedition im Dschungel zurückkehrt? Er wirft eine Handvoll der gefundenen Nahrung in den Busch zurück und begleitet diese Opfergeste mit einem Gebet zur Gottheit, die als Herrin des Dschungels und all seiner Früchte verehrt wird. „Unsere Mutter“, sagt er, „durch deine Güte haben wir gefunden. Ohne dich empfangen wir nichts. Dafür danken wir dir.“

Unter den primitiven Völkern sind Tausende ähnlicher Riten beobachtet worden, aber das eben genannte Beispiel (es wurde von Christoph von Fuerer-Haimendorf, der unter den Chenchu Feldforschung betrieben hat, aufgezeichnet) zeichnet sich durch seine besonders klare Struktur aus. Jeder Satz des einfachen Gebets, das die Gabe begleitet, entspricht einer der drei Phasen der Dankbarkeit. „Unsere Mutter, durch deine Güte haben wir gefunden“: Das entspricht dem Erkennen der Gabe als Gabe. „Ohne dich empfangen wir nichts“: Das bringt die Abhängigkeit zum Ausdruck. „Dafür danken wir dir“ ist der Ausdruck der Dankbarkeit, der die ursprüngliche Freude über das erhaltene Geschenk auf ein höheres Niveau hebt.

Was das Gebet unter drei Gesichtspunkten ausdrückt, vermittelt der Ritus in einer einzigen Geste: Der Jäger, der einen Teil seiner Beute der Gottheit opfert, drückt damit aus, dass er das Geschenk zu schätzen weiß und dass er durch das symbolische Teilen des Geschenks gewissermaßen einen Bund mit dem Geber eingeht.

Die Ähnlichkeit zwischen gesellschaftlichen Dankesbezeugungen und religiösen Opferhandlungen springt ins Auge. Wir dürfen aber nicht dem Irrtum verfallen, es handle sich bei den Opfergaben der Chenchu und ähnlichen Beispielen lediglich um die Übertragung gesellschaftlicher Konventionen auf die religiöse Ebene. Zwischen den beiden Phänomenen besteht keine einfache Abhängigkeit. Beide entspringen in der Tiefe des Herzens, dehnen sich jedoch in unterschiedliche Richtungen aus.

Das religiöse Bewusstsein des Menschen verwirklicht sich in seinen Opferriten, sein Bewusstsein menschlicher Solidarität im Dank, den einer dem anderen ausspricht.

Der Mensch sieht das Leben an uns, sieht, dass es aus einer Quelle zu ihm kommt, die außerhalb seiner Reichweite liegt. Er sieht das Leben an uns, sieht, dass es gut ist – gut für ihn. Und aus der Sicherheit dieser beiden intellektuellen Einsichten heraus wagt das Herz den Sprung zu einer dritten Einsicht, die über rationale Erwägungen hinausgeht: die Einsicht, dass alles Gute, das mir widerfährt ein Geschenk aus der Quelle des Lebens ist. Dieser Sprung des Glaubens übertrifft alle Zusammenhänge, die der Verstand herstellt. Er ist ebenso wie das Vertrauen, das man in einen Freund setzt, eine Geste des ganzen Menschen.

In dem Augenblick, wo ich das Leben als ein Geschenk erkenne und mich selbst als den Empfänger dieses Geschenks, wird mir meine Abhängigkeit klar, und ich muss eine Entscheidung treffen: Ebenso wie ich mich im zwischenmenschlichen Bereich weigern kann, Abhängigkeit anzuerkennen, und mich hinter meinem Stolz verbarrikadieren kann, so kann ich auch auf der religiösen Ebene eine Haltung stolzer Unabhängigkeit gegenüber der Quelle des Lebens einnehmen. Und die Versuchung ist groß, die Lächerlichkeit dieser Pose zu übersehen. Abhängigkeit im religiösen Zusammenhang beinhaltet ja mehr als das Geben und Nehmen in der gegenseitigen Abhängigkeit von Menschen; sie beinhaltet Gehorsam gegenüber der Quelle aller Gaben, die größer ist als ich – eine Tatsache, mit der sich mein kleinlicher Stolz nicht abfinden mag. (Hierin liegt übrigens auch die Ursache für die scheinbare Grausamkeit vieler Opferriten. Wir können auf diesen Aspekt hier nicht näher eingehen. Es sei nur angemerkt, dass blutige Opferriten sinnvoll sein können als Symbol für die Gewalt, die wir uns selbst antun müssen, bevor unser im Eigensinn versklavtes Herz die Freiheit liebenden Gehorsams gewinnen kann.)

Der Mensch, der ein Tier opfert, drückt in diesem Ritual die Bereitschaft aus, selber zu sterben, für alles, was ihn vom Ziel dieses Übergangs trennt. Das Ziel ist die Vereinigung des Menschlichen mit dem Göttlichen. Daher muss zunächst eine Vereinigung göttlichen und menschlichen Willens erreicht werden. Dies geschieht durch Gehorsam. Dabei ist der Tod des Eigensinns nur der negative Aspekt des Gehorsams. Sein positiver Aspekt ist das Erwachen des Menschen zu echter Lebendigkeit und Freude. Der rituellen Tötung folgt die Freude des Opfermahls.

Wenn wir von Gehorsam sprechen, sollten wir der Unterwerfung keine allzu große Bedeutung beimessen. Der positive Aspekt ist viel wichtiger: Aufmerksamkeit für die geheimen Zeichen, die den Weg zur wahren Freude weisen. (Ich nenne sie geheime Zeichen, weil sie ganz persönlicher Natur sind; wir erkennen sie in Augenblicken, in denen wir ganz wir selbst sind.)

„Wir sind nicht einig. Sind nicht wie die Zugvögel verständigt", schreibt Rilke in den „Duineser Elegien". Unser Übergang ist nicht durch den Instinkt vorbestimmt. Uns sind nur Ahnungen gegeben, wie jene Regung der Dankbarkeit in unserem Herzen, und die Freiheit, diesen Ahnungen zu folgen.

In dem Maße, wie wir diese Freiheit verwirkt haben, ist Losgelöstheit vonnöten. Gehorsam ist unsere Wachheit, unsere „disponibilité", unsere Bereitschaft, unserem heimwärts strebenden Herzen in seinem Aufwärtsflug zu folgen. Losgelöstheit befreit die Flügel unseres Herzens. So erst können wir uns aufschwingen zur Dankbarkeit für das Leben in seiner ganzen Fülle. Wir müssen unsere Hand öffnen und loslassen, was wir festhalten. Dann erst können wir die Geschenke empfangen, die uns jeder neue Augenblick darbietet. Losgelöstheit und Gehorsam sind nur Mittel zum Zweck. Das ist Freude.

Verstünden wir das moralische Opfer in diesem positiven Sinn, dann könnten wir auch seinen Ausdruck, das rituelle Opfer, verstehen. Weder das eine noch das andere ist so schrecklich, wie es manchmal dargestellt wird. Beide haben die Struktur des Übergangs im Dank. Beide gipfeln in der Freude über die Vereinigung des Menschen mit dem, was ihn transzendiert. Dies findet im Höhepunkt des Opferritus, dem Opfermahl, seinen Ausdruck. Dieses frohe Mahl drückt das Vertrauen aus, dass der Geber aller Gaben unseren menschlichen Dank annimmt. Es ist die Umarmung, die den Schenkenden mit dem Dankenden vereint. (Hier sei noch angemerkt, dass im religiösen Kontext Gott allzeit der Gebende ist, wir Menschen die Danksagenden. Nur in dem weit weniger ursprünglichen Kontext der Magie kann diese Beziehung zu einer Art wirtschaftlicher Transaktion degenerieren oder gar zu dem Bemühen von Menschen, über-menschlichen Mächten etwas zu entlocken. Aber Magie und Ritualismus sind Sackgassen des Herzens; sie betreffen uns hier nicht.)

Worauf es uns ankommt, ist, dass unsere eigene Erfahrung der Dankbarkeit mit einem universellen religiösen Phänomen zusammenhängt: mit dem Opfer, das zum Wesenskern aller Religionen gehört. Haben wir nur einmal diesen Wesenskern erfasst, dann wird uns jede Religion zugänglich. Man kann die gesamte Entwicklung der Religionen als eine Entfaltung der Opfergeste verstehen. Wir selbst vollziehen innerlich diese Geste, sooft Dankbarkeit in unseren Herzen aufsteigt.

So geht etwa die jüdische Religion von der unausgesprochenen Überzeugung aus, dass der Mensch kein Mensch wäre, wenn er kein Opfer darbrächte, und gelangt zu der ausdrücklichen Erkenntnis, dass „nur der, der sich selbst als Opfer darbringt, verdient, Mensch genannt zu werden" (Rabbi Israel aus Rizin; verstorben im Jahre 1850).

Genau dasselbe finden wir im Hinduismus: Ein früher vedischer Text sieht den Menschen als „das einzige Tier, das es versteht Opfer zu bringen" (Satapata Brahmanah VII, 5, 2, 23). Die Entwicklung findet ihren Höhepunkt in einer Stelle aus dem Chandogya Upanishad (III, 16, 1), wo es heißt: „Wahrlich, Mensch sein heißt Opfer sein." Zeigt uns nicht unsere eigene Erfahrung, dass ein Mensch erst in der Opfergeste der Dankbarkeit völlig Mensch wird?

Und selbst zum Verständnis des Gebots der Nächstenliebe (das in der einen oder anderen Form die reife Frucht jeder Religion ist) verschafft Dankbarkeit uns Zugang. Im Vorgehenden hat uns die scheinbare Rohheit der Wurzel, aus der Religion entspringt, abgestoßen. Jetzt stößt uns der scheinbare Widerspruch ab, den ihre reifste Frucht enthält. Kann man denn Liebe gebieten? Kann es denn eine Verpflichtung zur Liebe geben? Liebe ist nicht Liebe, wenn sie nicht frei von Zwängen ist. Unsere Erfahrung mit der Dankbarkeit gibt uns einen Hinweis: Eine Gefälligkeit, die wir einem anderen erweisen, bleibt eine Gefälligkeit, bleibt freiwillige Zuwendung, auch wenn uns unser Herz sagt, dass wir es tun sollten, dass wir großzügig sein sollten, verzeihen sollten. Weshalb? Weil uns eine tiefe Solidarität verbindet, die das Herz spürt. Wir gehören zusammen, weil wir gemeinsam einer Wirklichkeit verpflichtet sind, die über uns hinausreicht.

Jesus sagt dazu: „Darum, wenn du deine Gabe auf dem Altar opferst, und wirst allda eingedenk, dass dein Bruder etwas wider dich habe, so lass allda von dem Altar deine Gabe, und gehe zuvor hin und versöhne dich mit deinem Bruder, und alsdann komm und opfre deine Gabe." (Matt 5, 24).

Dies stimmt völlig überein mit der Tradition der Propheten Israels. Diese bestanden darauf, dass wahres Opfer Danksagung sei, wahrer Opfertod Gehorsam, der wahre Sinn des Opfer-Mahls Barmherzigkeit, „hesed". „Hesed" ist jene Bundesliebe, die uns Menschen miteinander verbindet, in dem sie uns als Gemeinschaft an Gott bindet. Abzulehnen ist nur leerer Ritualismus, nicht das Ritual an sich. Danksagung, Barmherzigkeit, Gehorsam sollen das Ritual nicht ersetzen, sondern ihm seinen vollen Sinn geben. Das ganze Menschenleben soll zu einem heiligen Ritual des Dankes werden, das ganze Universum ein Opfer. Der Prophet Sacharja sagt, dass „in jener Zeit" (der Zeit des Messias) „alles Küchengeschirr in Jerusalem und ganz Judea" dem Herrn der Heerscharen heilig sein werde, heilig genug, um Opfer darin darzubringen. Das heißt, dass es nichts auf Erden gibt, was der Mensch nicht wie ein Gefäß mit Dank füllen und zu Gott emporheben könnte.

Diese universelle Eucharistie, diese kosmische Feier eines Dankopfers, ist der Kern der christlichen Botschaft. Und selbst den Nicht-Christen unter uns erlaubt die Erfahrung der Dankbarkeit zumindest eine gewisse Annäherung an die christliche Überzeugung, dass die Dankesspirale das dynamische Muster jeglicher Realität ist. Innerhalb der absoluten Einheit des dreieinigen Gottes ist Raum für einen ewigen Austausch von Geben und Danken, für eine Spirale der Freude. In der einen und unteilbaren Gottheit gibt sich der Vater dem Sohn hin; der Sohn gibt sich in Dankbarkeit dem Vater hin; das Geschenk der Liebe, das immerfort zwischen Vater und Sohn ausgetauscht wird, ist der Heilige Geist, selbst göttliche Person, der Geist der Dankbarkeit.

Schöpfung und Erlösung sind lediglich das Überfließen dieser göttlichen „perichorese", dieses innergöttlichen Reigens der Dreifaltigkeit, ein Überfließen in das, was von sich aus Nichts ist.

Gottes Sohn wird, dem Willen des Vaters gehorchend, Menschensohn. Durch sein liebendes Opfer vereint er alle Menschen miteinander und mit Gott. Im Geist der Dankbarkeit führt er sie zurück in die ewige Umarmung Gottes, sodass „Gott alles in allen sei" (1 Kor 15, 28). „Alles, was existiert, existiert durch das Opfer" (Satapata Brahmanah XI, 2, 3, 6). Der ganze Kosmos wird Augenblick für Augenblick durch das Opfer erneuert, durch Dank zu seiner Quelle zurückgeführt, und als Geschenk in all seiner ursprünglichen Frische neu empfangen. Aber dieses kosmische Opfer ist nur deshalb möglich, weil der eine Gott zugleich Geber, Gabe und Danksagung ist.

Denen unter uns, die durch den Glauben bereits in dieses Geheimnis eingedrungen sind, braucht es nicht erklärt zu werden; den anderen kann es nicht erklärt werden. Aber in dem Maße, wie in unserem Herzen Raum für Dankbarkeit ist, haben wir alle an dieser Wirklichkeit teil, wie auch immer wir sie nennen. Es ist eine Wirklichkeit, die wir nie ganz erfassen werden. Worauf es ankommt ist, dass wir uns von ihr ergreifen lassen, dass wir die innere Gebärde von Dankbarkeit und Opfer vollziehen. Der Vollzug dieses Übergangs führt uns zur Einheit mit uns selbst, zur Einheit mit allen anderen und zur einen Quelle des Lebens. Denn „… nur darauf kommt es an: dass wir uns verbeugen, tief verbeugen können. Nur das, einfach nur das".

Leben aus der Stille

„Mein Herz wird mir so stille
und wird nicht untergehn."
(Eichendorff)

Je mehr der nervzerrütternde Lärm unserer Städte in unseren Ohren gellt, umso mehr spüren wir die Lebensnotwendigkeit der Stille. Früher oder später dämmert uns, dass es nicht nur äußere, sondern vor allem innere Stille ist, nach der wir uns sehnen. Mönche des Ostens wie des Westens haben sich seit Jahrhunderten als Gärtner der Stille bewährt – haben ihren Alltag zu einem Garten der Stille gemacht, und uns in ihren Schriften beides hinterlassen, Früchte der Stille und Anleitungen zum Stillwerden.

Während die Zahl der Mönche in vielen Klöstern heute abnimmt, nimmt die Zahl der Menschen, die ihr Innenleben vom mönchischen Geist befruchten lassen, beständig zu. Gottsuche ist die treibende Kraft im Menschenherzen – nicht weniger bei denen, die das Wort „Gott" (oft aus guten Gründen) vermeiden. Und wer in sich die göttliche Lebensmitte aufspürt, findet Stillung. Gerhard Teerstegen, ein Dichter, der inmitten des weltlichen Alltags mönchische Stille verwirklichte, fasste das Herzensanliegen aller, die sich gleich ihm darum bemühen, in eine einzige

Zeile zusammen: „Gott ist in der Mitte! Alles in uns schweige".

Über Stille darf zuletzt nur Dichtung reden. Nur die Worte der Dichter brechen das Schweigen nicht, sondern lassen es vielmehr zu Wort kommen.

Unsere westliche Kultur wird vom Wort beherrscht. Wir können uns in eine Kultur des Schweigens und der Stille kaum hineindenken. Oft sind wir wie vom Wort besessen, voller Angst vor all dem, was sich nicht in Worte fassen lässt. Und doch ahnen wir, dass das „erlösende Wort" aus dem Schweigen kommen muss. Ja, wir ahnen sogar, dass Wort und Schweigen untrennbar zusammengehören, dass an echten Worten die Stille das Wesentliche ist. Wir haben keine Schwierigkeit, zwischen einem bloßen Wortwechsel und einem Gespräch zu unterscheiden. Was an einem echten Gespräch wichtiger ist als die Worte, ist die Bereitschaft, uns von den Worten in jene Stille führen zu lassen, aus der sie auf uns zukommen. Darum münden die tiefsten Gespräche in gemeinsames Schweigen.

Auch jedem guten Gedicht merkt man es an, dass es aus der Stille stammt und in die Stille zurückführen will. Wenn auch die deutsche Dichtung eindeutig Dichtung des Wortes ist, so hat sie doch Höhepunkte gerade dort erreicht, wo Worte noch zart am Unsagbaren ausgehen und wo dann nur noch Stille übrigbleibt. So wenn Eichendorff singt:

Und meine Seele spannte
weit ihre Flügel aus,
flog durch die stillen Lande,
als flöge sie nach Haus."

Oder Ricarda Huch:

Tief in den Himmel verklingt
traurig der letzte Stern.
Noch eine Nachtgall singt
fern – fern.

Und wer denkt da nicht auch an Goethes „Über allen Gipfeln ist Ruh' ..."?

Es ist kein Zufall, dass wir eines der gelungensten Gedichte zum Thema Stille im ersten Teil von Rilkes „Stundenbuch" finden, im „Buch vom mönchischen Leben". Ist nicht Stille der Lebensatem mönchischen Lebens? Und wetterleuchtet nicht in jedem Menschenherzen manchmal die Sehnsucht nach tiefem Atemholen in Stille. Diese Sehnsucht wird in Rilkes Gedicht zum Gebet.

Wenn es nur einmal so ganz stille wäre.
Wenn das Zufällige und Ungefähre
verstummte und das nachbarliche Lachen,
wenn das Geräusch, das meine Sinne machen,
mich nicht so sehr verhinderte am Wachen –

Dann könnte ich in einem tausendfachen
Gedanken bis an deinen Rand dich denken
und dich besitzen (nur ein Lächeln lang),
um dich an alles Leben zu verschenken
wie einen Dank.

Die erste Strophe gipfelt in dem Wort „Wachen". Nur Stille ermöglicht uns ein solches Wachen, das weit mehr ist als bloßes Wachsein. Wachen ist Hellhörigkeit, ein Hinhorchen, für das die Stille nicht nur Voraussetzung ist, sondern Inhalt. Wer wirklich wacht, horcht auf die Stille selbst – und schaudert.

„Wir hören's nicht, wenn Gottes Weise summt.
Wir schaudern erst, wenn sie verstummt",
sagt Hans Carossa.

Wir schaudern, weil alle, die auf Stille horchen, Gott hören. Wir schaudern, weil alle, die in Stille eintauchen, Gott angehören. Da solches Angehören immer gegenseitig ist, kann Rilke sich danach sehnen, in der Stille Gott zu „besitzen", wenn auch „nur ein Lächeln lang".

Wie aber sollen wir das überschwengliche Bild verstehen vom „tausendfachen Gedanken", mit dem der Dichter das göttliche Du „bis an den Rand" denken möchte? In der Glut eines so tausendfach übersteigerten Gedankens schmilzt das Begreifen und wird zu Ergriffenheit. „Wachen war das Endwort der ersten Strophe; die zweite Strophe steigert sich zum Wort „Dank": Vollwaches Denken wird zum Danken.

Wer kennt nicht diesen Wendepunkt von denken zu danken aus eigener Erfahrung? Wir müssen nur an einen jener Augenblicke denken, die wir alle manchmal erleben, obwohl wir sie nur den Mystikern zutrauen. Ganz unerwartet werden wir da plötzlich „wach," fallen aus Zeit und Raum in eine unauslotbare Stille hinein und fühlen überwältigende Dankbarkeit in uns aufsteigen. Ganz gleich wo uns das widerfährt – auf einem Berggipfel, in einer Kathedrale, oder mitten im Verkehrsstau – das ist ein mystisches Erlebnis. Abraham Maslow erforschte solche „peak experiences", wie er sie nannte, vom Standpunkt der Psychologie. Er fand, dass solche Erfahrungen bei „ganz gewöhnlichen Menschen" häufig sind und sich in keiner Weise von denen der „Mystiker" unterscheiden. Ein Unterschied liegt vielmehr darin, dass die meisten von uns weiterleben, als ob nichts geschehen wäre, und bald wieder „das Zufällige und Ungefähre" laut werden lassen, während die Mystiker aus der Stille leben. Es steht auch uns frei das zu tun, und so unser Leben im Bleibenden zu verankern. Der Schlüssel dazu ist dankbares Leben.

Alles, was wir sehen, hören, riechen, schmecken, tasten oder sonst auf sinnliche Weise wahrnehmen, ist Wort – Wort, das uns aus der Stille des göttlichen Urgrundes zugesprochen wird. Wir selber sind in diesem Sinne Wort – „ausgesprochen und zugleich angesprochen" (worin Ferdinand Ebner tiefsinnig unsere menschliche Sonderstellung sieht). All die Vielfalt rund um uns und in uns ist letztlich ein einziges Wort, das auf immer neue Weise „Ja" sagt, und so allem Dasein Wirklichkeit gibt. Wenn wir wach darauf hinhorchen, führt uns dieses Wort zurück in die Stille, aus der es stammt. Uns dahin führen zu lassen, heißt verstehen.

Es geht bei diesem Verstehen um weit mehr als intellektuelles Begreifen; es geht um ein Einstehen für das, worauf wir uns verstehend einlassen. Uns vom Wort führen lassen, heißt ver*antwort*lich handeln. Im Alltag bedeutet das, dass alle, die „durch den Geist Gottes geführt werden“, mit kindlicher Unbefangenheit in jeder Lage die rechte Antwort finden können in Wort und Tat. In der weitesten Sicht bedeutet es Teilnahme an dem göttlichen Reigentanz, den die christliche Vorstellungskraft aus Johannes 16,28 herausliest, wo der Logos spricht: „Ausgegangen bin ich vom Vater und gekommen bin ich in die Welt; ich verlasse wieder die Welt und gehe zum Vater.“ Aus dem Schweigen kommend, kehrt das Wort durch liebendes Verstehen ins Schweigen zurück. Mitzutanzen in diesem Reigen ist die höchste Erfüllung dessen, was wir „Leben aus der Stille“ nennen.

Leben aus der Stille ist nichts anderes als dankbares Leben. Wir können „mitten in der Welt“ all das, was wir tun, bestimmen lassen von jener Stille, die in der monastischen Tradition zuhause ist. Dazu bedarf es nicht einmal der äußeren Stille, obwohl diese eine große Hilfe sein kann. Wir müssen nur dankbar leben lernen.

Im trinitarischen Rundtanz dürfen wir den Kreislauf der Dankbarkeit sehen. Wir erleben den Urgrund der Wirklichkeit als den Ursprung all dessen, was „es gibt“. Die Wirklichkeit, mit der wir es zu tun haben, zeigt sich uns immer als Gegebenheit – also als Gabe. Unser eigenes Leben ist uns zugleich gegeben und aufgegeben. Die Aufgabe, die in dieser Gabe liegt, heißt Leben in Dankbarkeit. Und worin besteht das? Einfach darin, dass wir uns dem Leben stellen.

Dankbarkeit ist still und einfallsreich; sie macht etwas aus jeder Gegebenheit. Meistens ist uns Gelegenheit gegeben, uns an etwas zu freuen. Leider sind wir oft nicht wach genug, das wahrzunehmen. Aber in jeder gegebenen Lage, sei sie noch so schwierig, wird uns Gelegenheit geschenkt, uns schöpferisch – und dadurch dankbar – zu erweisen. Wir müssen uns nur etwas einfallen lassen. Und jeder Einfall ist selber wieder Geschenk. Indem wir so, Schritt für Schritt, aus unserem Leben etwas machen, steigt es zum Ursprung zurück als Dank.

In dieser gegebenen Welt dankbar leben, heißt Sinn finden. Und in dem Maß, in dem wir Sinn finden, werden wir still. Dann fallen wir nicht mehr, wie Hölderlins leidende Menschen

> „blindlings von einer
> Stunde zur andern,
> wie Wasser von Klippe
> zu Klippe geworfen,
> jahrlang ins Ungewisse hinab.“

Der Kreislauf in dem alles Gegebene als Dank zum Ursprung zurückkehrt – der Kreislauf, in dem das Schweigen

Wort wird und im Verstehen zurückkehrt ins Schweigen – findet ein dichterisches Bild in den Marmorschalen von Conrad Ferdinand Meyers römischem Brunnen:

„… und jede nimmt und gibt zugleich
und strömt und ruht.“

Ein Wunsch

Was soll ich wünschen in diesen Tagen der guten Wünsche und Gaben? Heuer möchte ich Euch jene Gabe wünschen, die erst Raum schafft für alle anderen Gaben. So wünsche ich Euch also tiefe innere Stille.

Stille, tief genug, um zu hören, wie Erdreich sich zurechtlegt für die lange Winterruhe; dann wird auch Euer Seelengrund fest und ruhig werden. Stille, tief genug, um zu hören, wie Wasser rieselt und in den Boden sickert; dann wird auch Euer Sinn sanft werden, gefügig und geheilt. Stille, tief genug, um zu hören, wie von Sternen am Winterhimmel Silberfunken stieben und tief im Erdinneren Feuer tost; dann wird auch Euer Innerstes erglühen. Stille, tief genug, um das Fallen einer einzigen Schneeflocke durch die stille Winterluft zu hören; dann wird die Stille in Euch sich verwandeln in eine große Erwartung.

„Frieden!" verkündigte der Engel, aber Frieden nicht nur als Gabe, sondern als Aufgabe. Nur wenn Stille uns beständig macht wie Erde, wendig wie Wasser und glühend wie Feuer, werden wir uns der Aufgabe stellen können, Frieden zu schaffen, und die Flügel helfender Engel werden die Luft licht machen. Deshalb wünsche ich Euch jene tiefe innere Stille, die allein es uns erlaubt, ohne Ironie „Frieden auf Erden" zu erhoffen und uns ohne Verzweiflung dafür einzusetzen.

Weihnachtsgruß zum Jahreswechsel 2004/2005